読書と豊かな人間性

米谷茂則・岩崎れい

読書と豊かな人間性（'20）

装丁・ブックデザイン：畑中　猛

s-52

まえがき

この科目は放送大学が平成12（2000）年から開講している「司書教諭資格取得に資する科目」5科目のうちの一つである。

本科目では，学校の教育課程の中に児童生徒の読書活動を適切に位置づけることをねらいとしている。そのうえで児童生徒の自主的な読書活動を支援し，豊かな人間性を培うために，学校だけではなく家庭や地域社会の協力を得ながら読書活動を推進していく力をつけることを学習目標としている。そのため，児童生徒の発達段階と読書との関係を考慮しつつ，読書活動の具体的な事例を取り上げながら解説している。さらに読書の本質について考察し，教育の現場において読書活動を楽しむために読んで終わりというのではなく，調べ考えるための読書，読書学習へと高めていきたい。

この講座が開設となった少し前の1990年代は，本教材の図4－1を見る通り児童生徒の読書離れ，活字離れが大きな話題になっていた。文部科学省はいくつかの対応策を講じ，2001年には「子どもの読書活動の推進に関する法律」を制定した。これにもとづいた政府の「子どもの読書の推進に関する基本的な計画」が立案，推進され，何より現場の努力があり，特に中学生の読書冊数が増加となってきている。このことは大いに評価できることである。

児童生徒への読書活動の指導や支援を担うのは，すべての学校種のすべての教員である。その中心となって推進していく司書教諭を対象としているのが，本科目の内容である。現在では，12学級未満の学校においても自治体によっては司書教諭を発令している例も出てきている。しかし，12学級未満の学校の多くにおいては図書主任が学校図書館運営や，児童生徒の読書活動の指導を担っている。放送大学におけるこれまでの履修者では，司書教諭資格を取得したうえで図書主任としての仕事をしたいという現場教師の例が少なくない数である。奨励したいことである。

学校教育における読書の課題は，政府の第四次「子供の読書活動の推進に関する基本的な計画」にも記してあり，そこでは具体策をも提示している。各学校では，自校の児童生徒の実態，実情を把握したうえで本書を参照して，読書活動の具体推進策を実践していきたい。

特に高等学校においては，読書習慣を身に付けさせることが大きな課題である。中学校に倣って朝の読書を実施する学校を増やしていきたい。そこから先は，小学校も含め児童生徒個々の読書を教員が組織化し，調べ学習，考える読書へと向かわせていきたい。本書は，この点に重きをおいて執筆した。特別支援学校においては，学校図書館そのものの整備と読書活動の推進が大きな課題であり，本書では，基礎的内容についてページを割いた。

この科目の放送教材はラジオである。印刷教材とは別の内容も含んでいるので，必ず聴くようにしたい。

この印刷教材は，年度ごとに大幅な改定はできないということがあるので，特に電子媒体資料の動向について留意していきたい。推進論だけではなく，電子媒体の利用について脳科学者や認知心理学者の論も視野に入れて学んでいくことを勧める。

なお2020年度からは，科目開設時から主任講師を務めた朝比奈大作氏は退任し，岩崎れいが担当主任講師となった。

2020 年 2 月

米谷茂則・岩崎れい

目 次

1 読書活動の意義と目的

岩崎れい

《目標＆ポイント》 読書は，人間形成に重要な意味を持つ。読書による子どもの言語的・情緒的・認知的側面の発達について知り，子どもの発達段階に応じた読書材や読書環境を整備・充実させることが，学校図書館の責務である。

《キーワード》 1．読書　2．子どもの読書活動の推進に関する法律　3．学習権

1．読書活動の意義

子どもにとって読書活動ができることは，その基本的な権利であり，また，言語面，精神面の発達にも欠かせない。読書をすることは，言語発達を促し，知識を身につけ，論理的思考ができるようになることに資するだけではなく，より幅広く子どもの発達に関わってくるものであり，また子どもの基本的な権利と不可分の関係にある。

(1) 精神的な発達と読書

20世紀初め，カナダの児童図書館員であったリリアン・スミスは，その著『児童文学論』で，子どもが物語を読むことによって，ゆるがない価値観を自分の中に持つきっかけをつかむことができる，としている。

また，イギリスの児童文学研究者で教師でもあるマーガレット・ミークは，読むという経験に置き換えられるものはなく，読むことは考える

ことと同時に行われる行為であるため，子どもの成長に欠かせないとしている。

《非常時用の錨》

子どもたちは，昔話であれ，すごい冒険談であれ，こっけい話であれ，気持を愉快にしたり暖かい感動を起こさせたりするあらゆる種類の文学を，手当たりしだいに読みながら，自分たちがそこに永続的な真実を求めていることを，意識的には知らないだろう。だが，子どもたちは，お話の底に，自分たちの頼れる真実がひそんでいることに，気づいている。人間の安心感は，物質的な要求をみたすことからだけくるのではない。それは，ひとりひとりの心のなかに根をもっていなければならない。この根がないと，子どもが安定性をなくして，現代生活をとりまく混乱した価値判断にふりまわされてしまうとしても，ふしぎではない。すぐれた子どもの本は，それを楽しんで読む子どもたちに，非常時用の錨を荒い波風におろすような安定力を与える。この力は，けっして道義的概念ではないが，頼ることのできる力なのである。

『児童文学論』（リリアン・H・スミス著　石井桃子他訳　岩波書店　1964 p.11）

《心に刻む確かな印》

読む力は，ぜひとも身につけなければならない大事な力である。この信念がなければ，親も教師も子どもの読む力を伸ばす手助けをすることなどできない。読者が作家に出会う……たとえその仲立ちになったものが何であれ，この経験と置き換えることのできるものはこの世に存在しない。読むということは，印刷した記録から知識を得るという行為を遙かに超えたもの。ひとりの人間の心と想像力，そしてもうひとりの人間の心と想像力との生き生きとした出会いである。語る言葉は時に偶然の産物であり，いずれは消え去ってしまうかもしれない。だが，書いた言葉は残る。書いたものを読むとき，私たちは考えるのと同じペースで歩みを進めることができる。読むこととはすなわち自らの内で語りかけることであるから，読んだものは読者の心の成長の過程に確かな印を刻んでいく。

『読む力を育てる―マーガレット・ミークの読書教育論』（マーガレット・ミーク著　こだまともこ訳　柏書房　2003　p.14）

⑵　子どもの人権と読書

国や地域の事情の違いにより，「読む」ことのどこに重点を置くかは違うが，その根本的な考え方は共通しており，人権に関わる考え方にまで遡ることができる。

1966年に国連で採択された国際人権規約のＡ規約（経済的，社会的及び文化的権利に関する国際規約）第13条には，「教育についてのすべての者の権利」を認め，「教育が人格の完成及び人格の尊厳についての意識の十分な発達を指向し並びに人権及び基本的自由の尊重を強化すべきことに同意」し，更に，「教育が，すべての者に対し，自由な社会に効果的に参加すること，諸国民の間及び人種的，種族的又は宗教的集団の間の理解，寛容及び友好を促進すること並びに平和の維持のための国際連合の活動を助長することを可能にすべきことに同意する」としている。

また，その達成のための初等・中等・高等教育およびその発達のための制度の必要性にも言及している。

第15条では，規約の締結国のすべての人が，「(a)文化的な生活に参加する権利　(b)科学の進歩及びその利用による利益を享受する権利　(c)自己の科学的，文学的又は芸術的作品により生ずる精神的及び物質的利益が保護されることを享受する権利」を持つことを明記している。

さらに同じ国際人権規約のＢ規約（市民的及び政治的権利に関する国際規約）の第19条には，１．意見を持つ権利，２．表現の自由が明記され，さらに表現の自由に関しては，「口頭，手書き若しくは印刷，芸術の形態又は自ら選択する他の方法により，国境とのかかわりなく，あらゆる種類の情報及び考えを求め，受け及び伝える自由を含む」としている。

その後，1989年に国連で採択された「子どもの権利に関する条約」では，12～17条で子どもの表現・情報の自由や意見表明権などを定めており，13条では，「児童は，表現の自由についての権利を有する。この権利には，口頭，手書き若しくは印刷，芸術の形態又は自ら選択する他の方法により，国境とのかかわりなく，あらゆる種類の情報及び考えを求め，受け及び伝える自由を含む。」としている。

さらに，1985年に採択された「ユネスコ学習権宣言」では，読み書きの権利を持つことが学習権を保障するための基本的要素のひとつであるとしている。

☆　　　☆

学習権とは，

　読み書きの権利であり，

　問い続け，深く考える権利であり，

　想像し，創造する権利であり，

自分自身の世界を読みとり，歴史をつづる権利であり，
あらゆる教育の手だてを得る権利であり，
個人的・集団的力量を発達させる権利である。
（ユネスコ学習権宣言　1985　出典：『解説教育六法』2017　三省堂）

☆　　　　☆

学習において，読み書きができることがその基本となることは国際的にも認識され，読書力もその関連で捉えることができる。子どもの読書活動を活発にすることは子ども自身の学ぶ権利を守り，人生を豊かにすることにつながるといえるだろう。

2. 読書活動推進に関する行政施策

(1) 行政施策の概要

日本で，子どもの読書活動を行政施策の一環として力を入れて推進し始めたのは2000年である。それ以前も，子どもの読書を促進しようとする動きはあった。明治末期には，まだ子どもたちに自由に読書をさせることに反対する社会的風潮があったにもかかわらず，大正時代には大正自由教育の流れの中で，読書教育や図書館教育を熱心に行い，子どもの読書活動を推奨する学校も登場した。また，1960年には椋鳩十の提唱によって親子20分間読書運動が開始されたし，1950年代からの子ども文庫活動も，子どもが読書をすることの重要性が社会的に認識されることに大きな影響を与えた。しかし，行政施策として大きな動きが始まるのは冒頭に書いたように2000年である。

2000年は，国立国会図書館の支部図書館として国際子ども図書館が一部開館したことを記念して，「子ども読書年」とされた。2001年には「子どもの読書活動の推進に関する法律」が制定され，その法律のもとに

2002年には「子どもの読書活動の推進に関する基本的な計画」の閣議決定が行われた。この計画は，実施の内容の見直しをするために，2008年に第２次，2013年に第３次，2018年に第４次が閣議決定され，さらに全国の都道府県・市町村で，各自治体の事情に沿ったより具体的な計画や方針が策定されてきた。

「子どもの読書活動の推進に関する法律」では，その第２条の基本理念で次のように記している。

☆　　　☆

（基本理念）

第２条　子ども（おおむね十八歳以下の者をいう。以下同じ。）の読書活動は，子どもが，言葉を学び，感性を磨き，表現力を高め，創造力を豊かなものにし，人生をより深く生きる力を身に付けていく上で欠くことのできないものであることにかんがみ，すべての子どもがあらゆる機会とあらゆる場所において自主的に読書活動を行うことができるよう，積極的にそのための環境の整備が推進されなければならない。

☆　　　☆

この第２条では，「すべての」子どもが，「自主的に」読書活動を行えるようにするための「環境の整備」を推進すると書いてあり，どの子も自ら読書をしたいと思う環境を整備することが行政施策のポイントであることが読み取れる。

具体的な施策として，第４次「子供の読書活動の推進に関する基本的な計画」では，以下の分析とポイントが挙げられている。

［現状の分析］

①　中学生までの読書習慣の形成が不十分

②　高校生になり読書の関心度合いの低下

③　スマートフォンの普及等による子供の読書環境への影響の可能性
［計画改正の主なポイント］
①　読書習慣の形成に向けて，発達段階ごとの効果的な取組を推進
乳幼児期：絵本や物語を読んでもらい，興味を示すようになる等
小学生期：多くの本を読んだり読書の幅を広げたりする読書等
中学生期：内容に共感したり将来を考えたりする読書等
高校生期：知的興味に応じた幅広い読書等
②　友人同士で本を薦め合うなど，読書への関心を高める取組を充実
読書会，図書委員，「子ども司書」，ブックトーク，書評合戦等の活動
③　情報環境の変化が子供の読書環境に与える影響に関する実態把握・分析　スマートフォンの利用と読書の関係等
［主な方策のポイント］
①発達段階に応じた取組により，読書習慣を形成
②友人同士で行う活動等を通じ，読書への関心を高める
家庭
◆家庭での読書の習慣付けの重要性の理解促進
◆家庭での読書活動への支援（次のような活動の推進）
・読み聞かせ体験とともに乳幼児と保護者に絵本を手渡すブックスタート
・子供を中心に家族で同じ本を読み，絆（きずな）の一層の深まりを目指す家読（うちどく）　等
学校等
【幼稚園・保育所等】
◆幼稚園教育要領・保育所保育指針等に基づき，絵本や物語に親しむ活動の充実と環境の整備
【小学校，中学校，高等学校等】

◆学習指導要領を踏まえた読書活動の推進
◆読書習慣の形成，読書の機会の確保
◆学校図書館の整備・充実・学校図書館図書整備等５か年計画の推進

地域

◆図書館未設置市町村における設置
◆図書館資料，施設等の整備・充実
◆図書館における子供や保護者を対象とした取組の企画・実施
◆司書・司書補の適切な配置・研修の充実
◆学校図書館やボランティア等との連携・協力

⑵　子ども読書活動推進施策の背景

これらの施策が積極的に推進されるようになった背景には，2000年にブックスタートが日本に紹介されたことや，1999年の文化審議会及び2000年の教育改革国民会議の報告の影響も考えられるが，特に大きなことがらとしてPISA（OECD生徒の学習到達度調査：Programme for International Student Assessment）の影響が挙げられる。この調査はOECD加盟諸国（一部非加盟国も参加）の15歳の生徒を対象に読解力，数学的リテラシー，科学的リテラシーを測定するものである。

この調査において，読解力とは，「自らの目標を達成し，自らの知識と可能性を発達させ，効果的に社会に参加するために，書かれたテキストを理解し，利用し，熟考し，これに取り組む能力」と現在定義されている。2009年以降，初期の定義に「これに取り組む」という表現が加えられた。2000年に実施された第１回の調査では，読解力を中心とする調査が行われ，日本では日本人生徒の読解力が高いという結果と同時に，「毎日楽しみのための読書をしているか」という調査項目に対し，参加国の中でそのような読書をしないという生徒の割合が最も高いという結

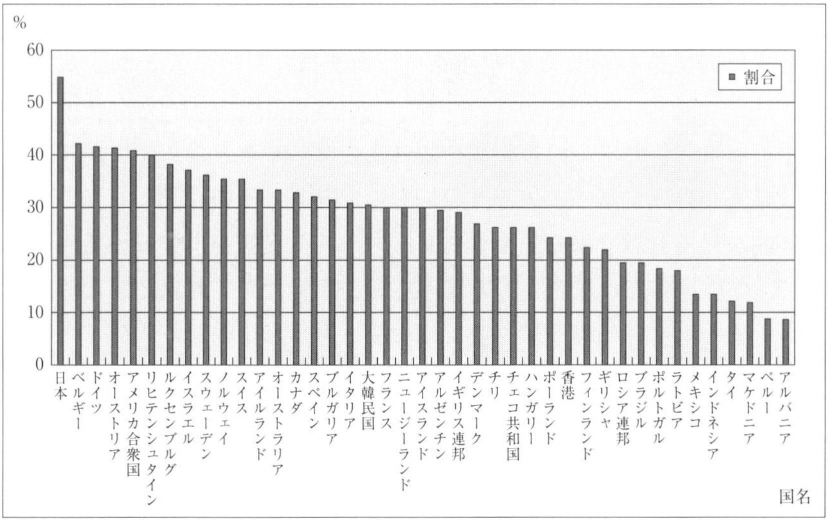

図1－1　「楽しみのための読書をしない」15歳の割合
（出典：OECD Literacy Skills for World of Tomorrow-Further Results from PISA 2000）〔http://www.pisa.oecd.org/Docs/download/pisaplus eng01.pdf〕（p.298）をもとに作成

果が出たことにも注目が集まり，それが読書推進のための行政施策に影響を与えたといえる。この「楽しみ」という語には，enjoyment という語が使われており，趣味や娯楽に留まらない「楽しさ」を，その意味に内包していると考えてよいだろう。

3. 学校における読書指導・読書支援

(1) 読書における学校図書館の役割

子どもの読書を支援することは，学校図書館の重要な役割のひとつである。読書をすることには，リテラシーを身につけること，読解力を育てることにとどまらない価値がある。そのためには，司書教諭が専門職としてその支援をするための知識や技術を持っていることが重要である。

学校図書館における読書相談や読書支援は，子どもたちが生涯にわたる読書力を育成するのに欠かせないものである。その特徴として，公共図書館が自由意思で来る子どもたちに対しての支援を担っているのに対して，学校図書館は校内にいるすべての子どもたちを対象とすることができ，また図書館の専門職だけではなく，教員と協働して実施できることである。その特徴を生かすことで公共図書館との役割分担ができ，特に自主的に来館しない子どもたちへの支援が可能となる。

(2) 司書教諭の専門性と読書支援

図書館の専門職（公共図書館司書，学校図書館司書教諭，学校司書など）は，読書支援にあたっても，その専門性が重要になる。読書材の準備と提供のために，学校図書館の資料を選択し，全体のバランスを考えながらコレクション構築をすること，その本を利用するために資料組織をして，おはなし会や読書会などを通してその紹介に努めることなどが含まれる。

コレクション構築や資料組織については，公共図書館や大学図書館に比べて，学校図書館は，専任の専門職不在の影響もあり，多くの課題を抱えている。また，現代の学校では，多くが読み聞かせを中心としたサービスをおこなっているが，図書館専門職は，本を紹介するにあたって，さまざまな読書プログラムの実施にその専門性を発揮することが望ましい。読書プログラムには，図書館サービスの一環として行われる読書相談やブックトークなどがある。

〈読書相談〉というサインをかかげている図書館は日本では少ないが，

実際には，テーマ展示やおすすめ図書リストの配布などを通じたサービスが実施されている。しかし，このようなサービスは，各利用者のニーズにこたえる形ではないために，厳密には読書相談とは概念的に区別されている。また，次に何を読むべきか，といった指導ではなく，あくまでも個々のニーズを持つ読者への支援であることから，読書指導とも区別される。

学校図書館，特に小学校図書館では，子どもたちの読書経験も少なく，読書材を選択する力もじゅうぶんついていないことが多いため，読書相談は大きな力を発揮するものであるが，現状では子どもたちからの積極的な利用も少ないことから，学校図書館の専門職から声をかけたり，教員の協力を得て実施したりする必要がある。また，幼稚園や保育所では，特に保護者に対して読書相談にのることが望ましいが，幼稚園・保育所には図書館専門職がいないことが多いため，公共図書館等による支援が求められる。

さらに，おはなし会や読書会などの行事は常に図書館の利用促進，読書や学習支援の一環として行われるものであり，子どもたちが行事そのものを楽しむと同時に，本来の目的にも近づけるように図書館は常に意識しておかなければならない。近年は，行事だけが切り離され，ボランティアによって実施される例も見られるが，本来貸出や読書相談・レファレンスサービスなどの図書館サービスと深く関連してこそ，役割を果たしているということができるであろう。ボランティアの力を借りなくてはならない場合でも，図書館としっかりと連携した上での実施が必須である。

おはなし会は，公共図書館では児童サービスの一環，集会活動の一環として行われるサービスであり，子どもたちを対象にして，読み聞かせ，ストーリーテリング，ブックトークなどを組み合わせて行うことの多いプログラムである。学校図書館においては，学校図書館サービスの一環として行うこともあるが，学校行事や授業内での活動として行われるケースもある点が特徴的である。子どもたちに読書の楽しさを伝えるのに，もっとも基本的かつ頻繁に実施されている方法であるだけでなく，学校図書館においては，ブックトークや読書へのアニマシオンが学習支援にも有効に使えることにも注目しておきたい。

学校図書館でのおはなし会は，公共図書館ほど頻繁に行われていないが，対象年齢を限定できることや読書にあまり興味のない子どもたちの参加があることなど，公共図書館にはないメリットがあり，有効に活用したいところである。

⑶　発達段階に沿った読書支援の必要性

学校図書館は，学校教育のカリキュラムに沿った読書指導を行うと同時に就学前の子どもたちに読書の基礎ができるように，就学前の家庭や幼稚園・保育所との連携をとって，その支援ができることが望ましい。実際には学校図書館が単独でその支援をするということは困難であり，むしろ幼小連携が進む中で，その一環として実施していくことが効果的である。

乳幼児期には，読み聞かせをすることで，まずは親と赤ちゃんの間に三項関係が成立し，それによって親子間の社会的対話活動が成立し，2歳頃以降の自己内対話活動につながっていく。すなわち，社会・情動的発達が基盤となって，言語・認知発達が促進されるという研究成果が発達心理学分野で提示されており，乳幼児期の読書（その中心は読み聞かせ）支援が，その後の子どもたちの読書に大きく影響を与えると考えられ，乳幼児期から学童期への継続的な読書活動の支援は重要な意味を持つといえる。

小学生になると，読んでもらうだけではなく，自分で本を読む機会も増えてくる。また，読む本の種類も多くなってくるだけでなく，学校での学びや，日ごろの体験の中で，関心分野も広がってくるため，読書の基礎をつくるだけではなく，生涯にわたって読書をする習慣の形成にとって重要な時期となる。

中高生時代には，読書をする子どもとしない子どもが二極化し始め，不読率も上がってくる。中高生時代に不読率が上がる背景には，スマホなどの情報機器に時間を割く子どもが増えていることや，受験やクラブ活動などで時間がないことなどが指摘されているが，同時に「読まない」のではなく「読む力がない」のではないか，という読書力の不足による不読も考えられる。米国では，「読む力が十分ない」場合，学校の授業についていけない重大な要因となると考え，struggle readers と呼んで，読む力をつけるための支援が必要であるとしている。中高生になってから改めて読書力をつけることが比較的困難であり，乳幼児期・学童期に読書習慣を形成するための読書支援・読書指導とそのための連携が望ましい。

参考文献

田島信元他「読み聞かせ活動」の発達的変化と言語リテラシー獲得への影響過程の分析，科学研究費助成事業（科学研究費補助金）研究成果報告書，2013
岩崎衣里子・田島信元・佐々木丈夫「絵本の読み聞かせによる母子行動の変化と言語発達」『生涯発達心理学研究　2』2010．p.76-86．他

2　読書能力の発達

岩崎れい

《目標＆ポイント》 読書能力は，身体的・言語的発達や心理的発達に基づき，ことばからイメージを喚起できる力のことである。読書能力の一般的な発達段階を押さえ，なぜ読書能力を身につける必要があるかを説明する。
《キーワード》 1．読書能力　2．読解力　3．リテラシー　4．機能的識字　5．メディア・リテラシー　6．情報リテラシー　7．読書のレディネス　8．発達段階

1．読書能力とリテラシー

(1)　読書能力の定義

読書能力の定義について，阪本一郎は少なくとも次の2つの意味を持っているとしており，そのため，時に概念が混乱することがあるという。心理学の分野で言えば，〈書かれたもの〉を読む能力を指し，国語教育（筆者注：国語科教育）における分野では，〈本・書物・書籍・図書〉を指しており，また「読解力」「読書力」という2つの用語の関係も必ずしも明確ではないとしている[注1)]。

用語としての定義は曖昧な部分を残しているが，読書をするためには，内容を理解するだけではなく，ことばを通して目の前にないものをイメージする力も求められる。その点から言えば，次に説明するリテラシーを基礎的な力として，内容を理解する力，イメージする力，その内容に共感したり，批判的に読んだりする精神面での発達など，いくつもの要

素を総合的に身につける必要があるといえるだろう。

(2) リテラシーとの関係性

リテラシー（literacy）は，読み書きできる能力，すなわち識字力のことを指す。読書ができるためには，その前提としてリテラシーを身につけている必要がある。

一般的に，日本は識字率が高いと言われ，99％の成人が識字者であるとされてきた。但し，総務省統計局によると2018年現在，識字率の調査は実施されていないし，また識字率の定義が国によって違うため，一律には比較できない。依然，識字率は高いと思われるが，外国人児童の増加やさまざまな事情によって，読むことが困難な子どもたちの増加なども指摘されており，現状のままでよいとは言えない面もある。

さらに，リテラシーが身についているからといって読めるとは限らない。必要に応じて読み，内容を理解することができ，それによって社会生活を送るのに困らないような読み書きの力を機能的識字（functional literacy）と呼んでおり，ユネスコは機能的識字を身につけていることは，以下ができることだと定義している[注2)]。

☆　　☆

個人が，リテラシーを必要とするすべての活動に関わることによって，その所属するグループやコミュニティを効果的に機能させ，かつ自分自身及びその所属するコミュニティの発展のために読み書き計算をし続けられることである。

☆　　☆

すなわち，社会の中で問題なく生活ができ，さらに生涯学習者であるためには，機能的識字が不可欠であるということである。読書ができるということは，その前提として，この機能的識字の力を身につけているということであり，よりよい社会生活のためにも，生涯学習者として生きていくためにも，読書力は是非とも身につけておきたい力であるといえる。

(3) さまざまなリテラシー

リテラシーという語は，読み書きの力を表す時だけに使われるわけではない。メディア・リテラシー，情報リテラシー，コンピュータ・リテラシーなど多くの語にリテラシーがついている。全般的にとらえると，何かを活用する能力がリテラシーである。

メディア・リテラシーは，1930年代にイギリスで発生した概念と考えられている。ケンブリッジ大学を中心に文学批評をしていたスクルーティニー派のリーヴィス（Frank Raymond Leavis）らによって，マスメディアを批判的に読み解くことが，子どもを低俗な大衆文化の影響から保護するのに役立つと説いたことが原点だとされている。その後，同じような考えがヨーロッパ大陸や米国にも広がり，主にマスメディアを批判的にとらえる能力として，教育の中に位置づけられていった。さらに，カナダのオンタリオ州では，2006～2007年に改訂された州の教育カリキュラムの中にメディア・リテラシー教育が含まれている。カナダのオンタリオ州は，学校図書館の発展にも熱心に取り組んでいる地域であり，学校図書館とメディア・リテラシー教育との関連も深い。

情報リテラシーという概念は，1970年代に発生し，用語は，1974年に，情報産業協会の会長であったザーコフスキー（Zurkouski）が，米国の国家計画として情報リテラシー教育をおこなうように全米図書館・情報学委員会（NCLS）に提言した時に初めて使ったといわれている。1980年代後半には，クルトー（Kuhlthau）が，library skills（図書館活用力）とcomputer literacy（コンピュータ・リテラシー）の両概念を統合する形で発展してきたものととらえている。この語について，アメリカ図書館協会は，米国教育省の『危機に立つ国家』（A Nation at Risk: The Imperative for Education Reform）への答申の中で，情報リテラシーは，「情報ニーズを認識し，情報を入手し，評価し，ニーズに合った情報を効果的に利用する[注3)]」一連の能力であると定義している。

上記のように発展してきたメディア・リテラシーと情報リテラシーであるが，現在はその定義も緩やかに混ざりつつあり，どちらの語もメディアや情報を活用する力，すなわち各自の情報ニーズに合わせて，情報にアクセスし，それを批判的に読み解いて，情報を評価・選択し，利用することができる能力であると総合的にとらえられるようになってきている。2000年に，国際技術教育学会によって提示された「技術リテラシーのスタンダード」も，個々の市民が技術の開発と利用について責任のある，知識に基づいた決定をすることが必要なので，技術リテラシーを教育に取り入れる必要があるとしており，基本的な考え方は共通している。いずれも，人が社会の中で他者とコミュニケーションを取りながら，社会の一員としてよりよい生活を送るために欠かせない力なのである。

2. 読書のレディネス

(1) 〈読書のレディネス〉の概念

レディネス（readiness）という語は，身体的にも心理的にも準備ができている状態を指す。滝沢武久は，『日本大百科全書』において，レディネスを以下のように説明している。

☆　　　　☆

学習が効果的に行われるためには，学習者の側に，身体的にも心理的にも学習にふさわしい素地が用意されていなければならない。このような知能，知識，技能，体力，興味などの学習に必要な準備状態を総称してレディネスとよぶ。レディネスが学習者の側にできていないと，その学習は無効に終わるか，少なくとも非能率的にならざるをえない。

レディネスは成熟と経験によって形成されるが，とりわけ成熟の要因が大きく作用するので，学習におけるレディネスを重視するとき，とかく成熟待ちの学習指導に片寄りやすい。確かにレディネスは学習の前提条件であるが，同時に学習によって形成される場合も少なくない。そのうえ，レディネスさえ成立すれば，その後はどんな年齢でも効率的に学習が行われるわけではなく，子供の発達過程にはそれぞれ学習するにふさわしい時期が存在するわけで，学習のこの最適期を逃すと，学習効率が低下し，ときには徒労に終わってしまうことさえある。そこで，レディネスの概念のなかに，その学習可能性と学習適時性という視点を取り入れる必要性が強調されるようになってきた。

なおE・L・ソーンダイクは，レディネスを，刺激と反応とを結合させる準備の整った神経伝導単位の状態とみなし，準備の整った状態のときに学習すれば快を感じるが，この状態にあるのに学習しないなら，または準備のない状態なのに強いて学習させられるなら，不快を感じることになると述べている[注4]。

☆　　　☆

〈読書のレディネス〉という語は，すなわち身体的にも心理的にも読書を楽しむ準備ができていることを示している。読書を楽しむためには，言葉をイメージする力が欠かせない。言葉は極めて抽象的なコミュニケーションツールであり，その言葉を介して，書かれた内容をイメージする力をつけるためには，知識だけではなく，経験も重要であり，さらに未経験の事柄を想像する力や精神的な成熟も必要とする。その力の育成には，日常生活だけではなく，物語世界での擬似体験も重要な役割を果たす。

(2) 〈読書のレディネス〉の準備

〈読書のレディネス〉の要因は，精神面での発達という要因，社会的要因，身体的要因，年齢的要因，性別要因，言語的要因などが挙げられる。要因はいくつもあるものの，環境によって相違が生まれやすいという共通点がある。

〈読書のレディネス〉は，自然な成熟を待つのではなく，積極的に準備すべきものであるという考えが主流になっており，そのためにも，子どもたちのために読書環境を整えることは社会の重要な役割である。読書環境を整える初めの場所は家庭であるが，子どもたちの置かれる家庭環境はさまざまで，家庭で十分な環境を提供することが困難な場合は，学校や地域によるサポートが重要となってくる。

例えば，社会的要因について，阪本一郎は，知的，社会的ならびに情緒的経験が読みの学習のために必要であり，両親と一緒にどれだけ旅行に出かけられるかということや家庭の蔵書数などが〈読書のレディネス〉に影響を与えるとしている。それが困難な家庭もあるが，体験の不足については学校や地域の活動である程度はカバーできるし，家に本があまりない場合は学校図書館や公共図書館など無料で本が借りられる施設の確保は重要となる。身体的条件では，生まれつき目が見えない，耳が聞こえない，学習障害があるといったハンディキャップを持つ子どもたちは，専門的なケアやサポートが必要であり，それによって〈読書のレディネス〉も整いやすくなる。よって，読書をする準備については，家庭だけではなく，学校や地域などにもよる幅広い環境整備が重要になるであろう。

3. 読書能力の発達段階

(1) 読書能力の発達の条件

読書能力の発達を考える際，それ単独ではとらえることはできない。読書ができるようになるためには，さまざまな条件が関わってくるからである。

阪本一郎は，読書能力の発達に必要な５つの条件を挙げている[注5)]。

１）身体的条件：小学校１年生では，眼球の筋肉と視神経がまだ未成熟であり，行間運動も不正確であるため，細かい活字を長時間にわたって読むことは適切ではないとしている。小学校２年生頃，認知が正確になり，小学校３年生で速く読むことができるようになり，小学校４年生で視覚に関する器官がほぼ成熟するとしている。それに対し，聴覚の発達については，誕生時に内耳と中耳は十分な発達を遂げており，幼少期の聴覚は語彙力に大きな影響を及ぼすとしている。

２）知能的条件：ここでは，主に年齢と読書との相関性について論じられている。低学年の子どもの知的機能からすると長い読書材は向かないものの，推理能力が増し，次第に深い意味をつかむことができるようになっている時期である。高学年になると，長文の読みも可能になり，洞察力もかなりつき，時間知覚や空間知覚が発達するため，多様な読書材の提供が可能となる。

３）人格的条件：読みの成功感が読み手の基本的欲求を満足させる点に注目し，情緒面での不安定と読書不振との間に密接な関連があるとしている。

４）教育的条件：就学前の多様な経験が読みのレディネスにとって重要な要因となることを指摘し，豊かな経験を積むことが読書力の向上にとっても効果的であることを指摘している。

５）社会的条件：読書力と家庭環境との間に強い相関関係があることを示唆している。社会経済的水準の影響があることについては，一般的な水準ではなく，家庭に本があるか，家庭にどのような読書の雰囲気があるか，が重要な要因になるとしている。また，ひとりっ子や長子は読書に問題を抱える割合が少ないという調査結果も示しているが，これは保護者が子どもに本を読む時間を取りやすいという環境的条件を示しているといえるだろう。

読書能力の発達を考えるときには，本人の身体的条件から周囲の教育環境まで，いくつかの条件を加味する必要があるという指摘は，読書指導を実施する際に参考にしたい事柄である。

(2)　読書能力の発達段階

ゲイツ（Gates, A.I.）が８段階の読書能力の発達段階区分を提示したが，これは米国の子どもを対象としたものであるため，阪本一郎はそれをもとに，日本の子どもに適応させた発達段階を提示した。

本章では，さらに後年の子どもの現状に合わせて，増田信一が修正したものを紹介する[注６)]。

１．前読書期（～４歳）

話しことばで通信をしている段階。文字の存在を意識し，絵本に興味を示す。

２．読書入門期

２－１）読みのレディネス促進期（４～５歳）

読み聞かせをせがむ時期。「この字はなんという字？」などと親に尋ね，字を覚えていく。なぞなぞなどのことば遊びが好きになってくる。

2－2）読書開始期（5～6歳）

かな文字が全部読めるようになる時期。1字ずつの拾い読みのため，時間がかかる。今まで読んでもらっていた本を自分で読もうとする。

3．初歩読書期

3－1）独立読書開始期（小学校1年生1学期）

意味が簡単で，未知の語があまり出てこない文章を，ひとりで読み始める。速度は遅いが，読むことは楽しいことを実感する。

3－2）読書習慣形成期（小学校1年生2～3学期）

本を読む習慣がつき始める時期である。語彙の量が増え，新しいことばが出てきても，推測しながら文意をつかむことができる。文字で表された場面や情景をイメージすることができるようになってくる。

3－3）基礎読書力熟成期（小学校2～3年生）

初歩の読書技術（円滑な眼球運動，正確な行がえ，1回の目の停留による把握文字数の増加等）が身につく時期である。本を終わりまで読み通すことができるようになる。また自分の考えと比較しながら読むといった，創造的な読み方ができるようになる。

4．多読期

4－1）無差別多読期（小学校4～5年生）

読書技術が発達して多読になり，目的に応じた読書ができるようになる時期。自発的に何でも読むようになるが，本の選択はまだ不十分である。理解と記憶がよくなり，読みの速度も大幅にアップする。参考資料や新聞をうまく利用できるようになる。

4－2）選択的多読期（小学校5年生～中学校1年生）

語彙の量が飛躍的に増加する。また自分のニーズに合った読書材を適切に選択することができるようになる。内容を評価したり，鑑賞したりすることができる。文章の内容によって読む速度を調整できるようになる。この段階で発達がとまる者，以後かたよった面だけが発達する者が出てくるおそれがある。

５．成熟読書期

５－１）共感的読書期（中学校２年生～高校１年生）

読書による共感を求めて，それに適する読書材を選択する。多読の傾向は減少し，共感したり，感動したりする本に出会うと，何度も読むようになる。

５－２）個性的読書期（高校２年生～）

読書の目的，資料の種類に応じて，適切な読書技術によって読むことができる成熟した読書人としての水準に達する時期である。学術論文等も読むことができるようになる。

この発達段階の提示は1995年時点のものであり，現在の子どもたちの現状に合わせて研究が進めば，新たな修正案も登場する可能性があるが，基本的なポイントは上記の流れで十分押さえておくことができるであろう。

⑶　指導上の留意点

上記の発達段階は，読書指導に当たって一定の目安となるものであり，活用したいものであるが，同時に子どもたちには個人差があり，それぞれの子どもを取り巻く環境や個人の経験，興味・関心，得意不得意などによって，すべての子どもたちがこの発達段階に沿って成長しているわけではないことに留意する必要がある。それぞれの子どもの発達に合わせて，各発達段階を積み重ねていくことが重要であり，必要以上に難易度の高い本を読むことを求めることのないようにしたい。

また，それぞれの発達段階に必要な読書支援・指導が必要である。

特に，小学校低学年は丁寧なサポートが必要である。本章の１節で，リテラシーと読書能力が同じではない，という点について述べたが，それは，文章が読めれば，読書ができるわけではないことを示している。特に小学校低学年は，国語科を中心に読む力をつけ始めてはいるものの，まだ読みたい本がすらすらと読める状態ではなく，また絵本から文字中心の本に移行する段階で，ことばだけで内容が十分イメージできる力がついているとは言えない。精神面では成長し，その発達段階に合った，読みたいと思う本があっても，すらすらと読めなければ，読書は楽しくなくなり，早い時期での読書離れにつながりやすい。この時期は，読める本は自分で読み始める時期であるが，同時に，読みたいけれども読めない本をたっぷりと大人に読んでもらえるのが望ましい。一人で読める楽しさと読んでもらう楽しさ，この両者が同時に存在することが，その後の子どもの読書への意欲を高めると考えてよいだろう。

各自の読書能力の発達段階に合わせた読書支援・指導は，子どもたちが生涯を通じて読書をする能力と意欲を持つための土台であると心掛けたいものである。

《注》

1）阪本一郎『現代の読書心理学』金子書房，1971．p.75-76.

2）UNESCO． Functional literacy：Definition.
http://uis.unesco.org/node/334638

3）American Library Association. Presidential Committee on Information Literacy：Final Report. 1989. p.9

4）滝沢武久「〈レディネス〉の項目」『日本大百科全書』小学館，1984-1994

5）阪本一郎『現代の読書心理学』金子書房，1971．p.87-92

6）読書教育研究会編著『読書教育通論：児童生徒の読書活動』学芸図書，1995. p.46

参考文献

阪本一郎『現代の読書心理学』金子書房，1971

菅谷明子『メディア・リテラシー―世界の現場から』岩波書店，2000

読書教育研究会編著『読書教育通論：児童生徒の読書活動』学芸図書，1995

長田秀一・菊池久一・板垣文彦『情報リテラシー教育：コンピュータリテラシーを超えて』サンウェイ出版，1999

『日経ビジネス』第1620号．日経 BP 社，2011.12.12

American Library Association. *Presidential Committee on Information Literacy : Final Report.* ALA 1989

3 読書興味の発達

岩崎れい

《目標＆ポイント》 読書興味は，子どもたちの心理的な発達や社会性の発達に応じて変わっていく。読書興味の一般的な発達段階を押さえた上で，その発達に沿った学校図書館のプログラムやサービスを考えてみる。
《キーワード》 1．読書興味　2．読み聞かせ　3．ブックトーク　4．ストーリーテリング　5．読書のアニマシオン

1．読書興味の発達段階

(1) 読書興味と読書への動機づけ

読書体験を積まなければ，読書する力をつけることはできない。そして，その読書体験を積むためには，読書をしたいと思う本人の意欲と興味が必要である。その意欲と興味をひきだすには，本人自身が自然に読みたくなるのを待つだけではなく，その発達段階に合った指導や支援が必要である。読むことを強制するのではなく，読書の楽しさを実感し，読書をすることが自分にとって意義のあることであると思えるようになる手助けをすることが望ましい。

そのためにも，司書教諭は，子どもの発達段階と多様な読書材について知り，子どもたちに，適切な時に読書材を紹介するための技術を持っていることが求められる。

(2) 読書興味の発達段階

読書興味の発達については，主に読書心理学の分野で研究が進んでいる。ここでは，ひとつの目安として，阪本一郎の示した発達段階を紹介する[注1)]（但し，解説は筆者)。ここで示されるのは，一つの目安であり，個人差があることを前提として考えておく必要がある。また，ここで使われている昔話，童話といった語は，読書傾向を示すのではなく，そのジャンルの特徴を持つストーリーが好まれると考えるのが適している。

1．子守り話期（２～４歳）

この時期は，生活の基本的習慣（食事，睡眠など）を自立させることが適応課題の中心となる時期であり，子どもの身近な生活を題材とするお話が好まれる。比較的短く，自分自身や家族，飼っているペットやぬいぐるみ，場合によってはおもちゃなどが，その登場人物となりやすく，また，とんちやユーモアなどが含まれるお話も楽しめるようになってきている。この時期は，絵本にも興味を示す時期であり，身近な生活には限らない題材を扱った絵本も楽しむことができるであろう。

２．昔話期（４～６歳）

「むかしむかしあるところに……」で始まる昔話と同じような形を持つ物語が楽しめるようになる時期である。昔話は，もともと人々の間で語られてきたものであり，まだ，お話を読んでもらうことの多い，この時期の子どもたちにとっては，耳から聴いて楽しむのに適した形の物語であるといえる。その特徴として，定型パターンがあること，繰り返しの多い形であること，舞台は身近だが魔法など不思議なことがらが含まれていることなどが挙げられる。また，ロシアの民俗学者で，昔話の形態を研究したウラジミール・プロップらが述べたように，昔話は人間がつくる物語の原型であり，禁忌のモチーフなど人間の倫理観に関わる題材が多く見られることから，エリクソンの発達段階で言うと幼児後期に当たり，罪悪感などの芽生え始めた，この年齢の子どもたちには適しているといえるであろう。

3．寓話期（6～8歳）

小学校に入学し，ひとりで読むこともできるようになってくると同時に，生活範囲も広がり，社会生活におけるルールを理解し，他律的にルールを守って，勤勉であろうとする時期である。そのため，ひとりで読むのに適した長さで，教訓的なたとえばなしであるため内容もわかりやすい寓話のような作品が好まれる。

4．童話期（8～10歳）

小学校中学年頃に当たり，ひとりで長めの物語が読めるようになってくる時期である。結末が予測できない，ある程度の長さがあるストーリーを楽しむ力がついてきている。作品群は，日常生活に即した題材と空想的な題材の両方があり，子ども自身はことばからイメージをすることができるようになってきているので，いずれの作品も楽しめる。また，このころになると，昆虫や星，お菓子など特定のものに興味を持ち，図鑑を中心に読む子どもたちもでてくるなど，各自の好きなものが明確になり，それが読書材の選択にも影響し始める時期でもある。

5．物語期（10～12歳）

興味がわかれ始める時期であり，また，自律的な集団行動が活発になることから，友情や正義などの社会的価値観を物語に求めるようになる。冒険小説や推理小説，英雄物語，感傷的な物語などを好む。この頃，男女差が出てくるとする説もあるが，社会環境の差異によるものか，21世紀に入ったころから性差は顕著ではなくなってきている。ライトノベルと呼ばれる作品群が好まれるようになるのもこの頃からで，上記のテーマが好まれることと無縁ではないだろう。また，スポーツや伝記，発見・発明にまつわる物語など，将来の夢に関わるテーマを持つ作品にも興味を示すようになる。

6．伝記期（12〜14歳）

いわゆる第二反抗期とも呼ばれる時期に当たり，自分とは何か，自分に求められる社会的役割は何かを模索し始めるものの，エリクソンの言う「自我同一性」の確立がうまくいかずに葛藤する時期である。この頃は，自己確立や将来の自立が精神的なテーマとなるため，伝記や歴史，ドキュメンタリーに興味を示し，自分の将来について考えるきっかけとなる読書をするようになる。また，性に関する関心も高まり，恋愛をテーマとする作品群も好まれる。次第に，個人による興味の違いがはっきりしてくる時期でもある。

7．文学期（14歳以後）

図書館では，この頃の子どもたちをヤングアダルトと称し，公共図書館では児童サービスと区別して，ヤングアダルトサービスという名称でサービスを提供しているところも多い。学校では中学生から高校生にあたり，個人差が大きくなることや，直接的な読書指導が困難になることから，小学生までとは違うアプローチが求められる。読書習慣を継続する子と「読書離れ」といわれる状態になる子に分かれ，いわば二極化の状態になっていくことが多い。その背景には，クラブ活動や受験など現実生活での活動に重点が置かれてくることや，SNS などの情報機器を使う活動に時間を取られたりすることが指摘されているが，同時に，読書指導の届きにくくなる年代であるため，それまでに読む力がついていなければ読むことができないという，読書力の問題も深刻となってきている。

8．思索期（17歳以後）

知的なテーマに関心が向くようになり，文学も理念的な背景を持った

表３－１　発達段階の目安表

読書能力の発達段階		年齢	読書興味の発達段階	一般的な発達段階
		1		
		2		
前読書期		3	子守り話期	しつけ期
		4		
読書入門期	読みのレディネス促進期			
		5	昔話期	第一反抗期
	読書開始期			
初歩読書期	独立読書開始期	6		想像生活期
	読書習慣形成期	7	寓話期	（良い子期）（他律道徳期）
	基礎読書力熟成期	8		
		9	童話期	知識生活期（過渡期）
多読期	無差別多読期	10		
		11	物語期	徒党期（gang age）
	選択的多読期	12		
		13	伝記期	第二反抗期（思春期）
成熟読書期	共感的読書期	14		
		15	文学期	連中期（crowed age）
		16		
	個性的読書期	17		個性自覚期
		18	思索期	
		19		社会適応期
		20		

（阪本一郎『現代の読書心理学』（金子書房）より，一部改変。なお，独立読書開始期は小学校１年の１学期を，読書習慣形成期は２・３学期を指していると考えられたい。）

ものが好まれたり，現実と理想との矛盾に向き合う中で，哲学書や宗教書などを手にしたりし始める時期である。ほぼ成人の域に達している段階であるが，精神的な葛藤において，読書をするかどうかが二極化している中で，読書が葛藤における手助けになるかどうかが分かれてしまうのも特徴である。

阪本一郎の提唱したこの発達段階に関しては，提唱から数十年が経っていることから対象年齢にずれが生じている。また，分類自体を見直すべきなどの指摘が出てきているが，まだ明確にこの説に代わる発達段階は提唱されていないので，ひとつの目安としてここでは紹介しておく。

2．読書興味の発達とその支援

(1)　読書興味の発達を支援するプログラム

学校では，国語科の一部として図書の時間が設けられたり，朝の読書などの一斉読書が実施されたりするなど，学校全体で取り組まれている読書指導も多い。学校図書館では，さらに司書教諭や学校司書がその専門性をもって，子どもが読書の幅を広げ，より多くの読書材に出会えるようなプログラムを実施できることが望ましい。ここでは，その基礎となるいくつかの方法を紹介する。

１）読み聞かせ

読み聞かせとは，絵本や作品を読んで聞かせることである。近年では，使役用法である〈読み聞かせ〉という語を避けて，読み語りやお話など，別の呼び方をすることもあるが，ここでは，もっとも一般的に知られている〈読み聞かせ〉の語に統一して使用する。

読み聞かせの意義については，多くの文献に書かれており，その内容は次のように整理できる。

①読み聞かせは，親やその他の身近な人から直接読んでもらえることで，その内容である物語などに，誰かと共に過ごした時間の想い出が加わり，読書に対するプラスのイメージを醸成することができる。

②ノンフィクションなどの場合，読んでくれる人や一緒に読んでもらうきょうだいとの会話が進むことで，その本のテーマに対する興味が広がり，科学や社会に対する関心を育てることができる。

③言語は優れたコミュニケーションツールであると同時に，記号で形成されたきわめて抽象性の高いツールである。それを使いこなす豊かな言語能力の育成のためには，言語体験の積み重ねが欠かせない。現実生活の中と物語世界の中の両方での言語体験がより豊かな言語能力の育成につながる。

④イメージする力は読書において重要な役割を果たす。文章を理解することに加えて，そこに描かれた情景や登場人物の心情をイメージすることができて，初めて読書を楽しむことができる。そのイメージする力は子どもたちが現実世界を生きていくうえでも重要であるため，読み聞かせを通じてその力を育成することが必要である。

学校図書館で読み聞かせをする場合，校種や学年を考えておくことが重要である。一般的な絵本の読み聞かせは，基本として小学校低学年を対象とする。中学年からは，その発達段階に合わせた絵本を選ぶとともに，絵本以外の短編や長編の読み聞かせも可能である。中学生以上になると，読み聞かせよりもブックトークなど別のプログラムが望ましい場合もあり，学校図書館専門職はそのための専門性も身につけておきたい。学校図書館専門職がするとは限らず，担任教員が朝のホームルームなどで読み聞かせをすることも多く，その場合は継続的に実施できるため，公共図書館と違って長編の読み聞かせも可能になるのである。各クラスで担任が読み聞かせをする場合には，本の準備なども含め，ぜひ学校図書館がサポートをしていきたいところである。

また，OECD 加盟諸国で2000年から３年ごとに実施されている児童・生徒の学習到達度調査である PISA（Programme for International Student Assessment）の結果において，フィンランドの学力が高く，そのフィンランドでは，小学校卒業くらいまでは親が子どもに読み聞かせをする習慣があることから，日本でも2000年以降，子どもの読書推進への取り組みが行われる中で，読み聞かせへの注目が高まってきている。

2）ストーリーテリング

ストーリーテリングは，絵本などを使わずに言葉だけでお話を語ることを指す。言葉で物語を語るという行為は，文字のない時代から人類が行ってきたものであり，書物が現在ほど発展していなかった時代には，部族の中で歴史や文化を語り伝えていくための重要な方法であった。中世以降も，吟遊詩人などを通じて口承文化としての伝統を持ち，さまざまな形で発展してきた。書物が定着してきた近代以降においても，語りの世界は昔話などを通じて受け継がれてきた。図書館におけるストーリーテリングは，20世紀初めにニューヨーク市立公共図書館に児童図書館員として勤めたアン・キャロル・ムーアが定着させたと言われている。

図書館などで，ストーリーテリングの導入として行う〈はじまりの儀式〉にはいろいろな方法があるが，もっともよく行われているのが，ろうそくに火をつける方法であり，ロスは以下のように説明している[注2)]。

☆　　　　☆

子どもたちが楽な姿勢でイスにすわったら，お話を聞く準備のしめくくりとなる，ちょっとした儀式めいたことをすると，効果的です。

> わたくしの「お話の時間」には，願いごとをするロウソクに火をつけることにしています。子どもたちとわたくしがじっとロウソクの火を見守っているうちに，ざわめきがしずまって，しんとなります。ロウソクの火がついてほのおが燃えたつ瞬間には，なにかふしぎな魔法的なものがあります。ほのおが高く上がるまでには，子どもの心に話を聞く用意ができ，わたくしにも話をする準備ができます。話が終わると，もちろん，ロウソクは——めいめいが心になにかを願ううちに——吹き消されます。このときも，火をつけるときと同じくらいふしぎな感じがしますが，最初のときにくらべ，気もちはずっと昂揚しています。

☆　　　　☆

このろうそくの火を灯すことは，日常的な電気の光から，非日常的なろうそくの光になることで，お話の空間自体を変える作用がある。そのため，お話の時間が始まるという声かけだけで，集中できる年齢の子どもたちになっても，〈はじまりの儀式〉は大きな価値があるといえる。

ストーリーテリングは，伝統的でありながら，図書館のプログラムとしてはまだ約100年の歴史しか持っていないものであり，読み聞かせやペープサートなどに比べ，実際には難しいと考えられているせいか，実施している図書館は比較的少ないのが，現在の課題である。しかし，ことばだけでお話を聞くという行為は，絵本の絵や本の挿絵などの手助けを借りずに，物語世界をイメージしていかなくてはならないので，ストーリーテリング自体が魅力的なプログラムであるのと同時に，読書力の育成においても有用であると考えることができるだろう。

3）ブックトーク

ブックトークは，1つのテーマのもとに，多様なジャンルの本を紹介し，読書を促進するプログラムである。

ブックトークという言葉は米国で1930年頃，初めて登場したが，その時は，まだ専門用語としては定着しておらず，‘talks about books’や‘book talks’という言葉が使われていた。20世紀の半ばを過ぎる頃には次第に図書館司書の専門的な仕事として認識されるようになり，1960年にはアメリカ図書館協会が出版した『公共図書館のヤングアダルトサービス』（*Young Adult Services in Public Libraries*）では，図書館司書の重要な活動のひとつとして位置づけられたことがうかがえる。1980年に発行された『ブックトーク』（Bodart著，*Booktalk!*）では，初めて一語になっていることから専門用語として確立したといえるだろう。日本には1959年に学校図書館で活用できるプログラムとして，初めて紹介された。

ブックトークにおいて重要な要件は以下のとおりである。

①図書館において，ブックトークに関する専門的訓練を受けた者が行う教育活動であり，図書館における図書の利用を促進することが重要な目的である。
②特定のテーマについて，多様なジャンル・多様な視点の本を数冊紹介し，聞き手にとって未知の世界を紹介する役割を果たしたり，今まであまり読んだことのなかったジャンルへの関心を引き出したりする。
③紹介する本を審査するのではなく，その本が魅力的であることを話し手が確認し，それを基本に多様な本を紹介していくものである。
④ブックトークの目的は，あくまでも多様な本を紹介し，その本を読むことを促進するものであるので，ブックトークそのものがおもしろすぎて，ブックトークに対する信頼を失うことがないようにしなければならない。

ブックトークは，読み聞かせをあまり望まなくなった中高生にとっても，その読書の幅を広げるのに有効なプログラムであるが，準備に時間もかかり，難しいと感じる人の多いプログラムなので，ぜひ司書教諭が積極的に実施していきたいものである。

4）読書へのアニマシオン

読書へのアニマシオンは，スペインのモンセラット・サルトが提唱した読解力・読書力向上のための方法論である。

アニマシオンとはラテン語を語源とし，魂を生き生きとさせ，心身を活性化させることを意味しており，教える・学ぶということを中心とするエデュカシオン（教育）に対し，遊びや文化活動を通して，おもしろさや楽しさを追求し，それによって人間の成長を促すという概念を持っている。言葉自体は，このプログラムで初めて登場したわけではなく，第二次世界大戦後のヨーロッパ社会において文化の持つ力を戦後復興に役立てようと，人間の主体性と精神面を大切にする概念である社会文化アニマシオンとして登場した。

この考え方を引き継ぎ，読書へのアニマシオンでもゲームを中心とする手法を子どもの発達段階別に開発し，抽象的な思考を伴う言語を媒介とする読書の力を向上することを目的としている。ゲームは，本の内容を理解するだけではなく，情報を的確にとらえたり，批判的・創造的に読書をしたり，読書を楽しんだりするための手法が，「作戦」という呼称で数多く提供されている。

5）科学遊び

科学遊びは，図書館にある科学実験の本や科学読み物を利用しながら，実際に子どもたちと科学実験などをするプログラムである。子どもたちが読書の世界を広げていくうえで，物語だけではなく，伝記や歴史物語，ドキュメンタリー，科学読み物などのジャンルも重要である。近年は，10代の科学離れも社会的な課題として取り上げられることが多い中で，2010年には〈理科読（りかどく）〉という言葉が登場するなど，科学読み物への注目が高まっている。公共図書館の児童サービスにおいて歴史のある科学遊びは，このような社会的状況の中で，よりいっそうの発展が求められているといえるだろう。学校においては，理科をはじめとした授業の中で，実験や体験授業が行われるため，学校図書館での単独の科学遊びを準備するよりも，教科との連携の中で，関連の本を紹介する取り組みの方が効果的であろう。

(2)　読書に関するプログラムに利用できる技術

上記のプログラムに付随して，利用されるものとして，ペープサートやパネルシアター，エプロンシアターなどもある。また，読書とは少し違うが，紙芝居も日本における伝統的な文化であり，以下それぞれを簡潔に紹介する。

ａ．ペープサート：ペーパーシアターをもとにした日本の造語で，現在の平絵タイプの紙芝居の前身である立絵がもとになった紙人形劇のことを指す。紙で作った登場人物等に長い棒を付け，その人形を自在に動かして演じるものである。布で本格的な人形をつくるよりも簡単に準備できるのが特徴であるが，作成のときには，演じるときの動きを想定しながら作っておく必要があることに注意しなければならない。単独でひとつの作品を演じる以外に，ブックトーク等で小道具として利用することもできる。

ｂ．パネルシアター：パネルシアターは，1973年に古宇田亮順によって考案された演じ方の手法である。パネル布と呼ばれる布を舞台として使い，接着剤等を使わずにＰペーパーと呼ばれる不織布でつくった人形を自在に貼ったりはがしたりして演じる。白いパネル布を利用する一般的なパネルシアターの他に，黒いパネル布とブラックライトを利用し，蛍光絵具などで描いた絵を浮かび上がらせるブラックパネルシアターがある。現在は，小学校や保育所・幼稚園など比較的年齢の低い子どもたちを対象に実施されることが多いが，利用方法によっては年齢の高い子どもたちや大人を対象としたサービスにも利用できる。

c．エプロンシアター：1979年に中谷真弓によって考案され，エプロンを舞台にし，エプロンのポケットを舞台の袖として使う演じ方である。作品さえつくっておけば，お話会のための部屋を別に設けることができないときにも，人形を使って簡単に演じられることから，図書館や保育の現場で主に乳幼児を対象に活用されてきた。

d．紙芝居：紙芝居は日本で生まれたプログラムである。その源流は江戸時代ののぞきからくりにあると言われ，明治時代には〈立絵〉と呼ばれる現在のペープサートのように登場人物ごとの紙人形を動かして演じる紙芝居が登場し，20世紀前半には現在の紙芝居に近い，場面ごとに絵が一枚ずつ描かれている〈平絵〉が登場した。〈立絵〉を演じるには技術が要ることから，〈平絵〉に移行していったといわれている。〈紙芝居〉はその名称からもわかる通り，紙の上で行う演劇であり，そのため演じるには必ず舞台に入れる必要がある。舞台に入れることによって，少しずつ「ぬく」ことや前後に揺らすことや該当する絵を舞台の中で回すことなどによって，絵本とは違う動きを使って演じることが可能になる。

おはなし会は，子どもたちの読書への水先案内人としての役割を果たす。おはなしそのものを楽しむだけではなく，まだ，未知の世界の多い子どもたちに，新しい読書の可能性を広げ，新しいジャンルやテーマの本を読もうと考えるきっかけを提供する。いかに魅力的なおはなし会をするかによって，その効果は変わってくるものであり，そのためにも，司書教諭がその方法と技術を身につけておくことは有用である。

3. 読書習慣の形成と生涯読書

読書習慣の形成は学校に通う児童生徒にとって重要な意味を持つ。学校に通っている時期に読書習慣を形成することで，生涯を通じて読書習慣を持ちやすくなる。

この読書習慣の形成には，さまざまな指導や支援が効果的である。その際重要なことは，２章と３章で紹介した読書能力・読書興味の発達段階に沿うこと，それぞれの子どもたちの興味関心や置かれた環境に配慮することである。学校図書館は，平日は子どもたちがほぼ毎日通ってくる学校という教育機関の中にあるため，公共図書館に比べ，継続的な指導や支援を実施しやすい。また，カリキュラムとの関わりの中で，時期やテーマを選んで，読書に関わるサービスを行うことも可能である。

その際，気をつけておかなければならないのは，ただ読めばよいというわけではないことである。読書は読むこと自体が目的ではない。まずは，子どもたちが読書をする価値があると実感できることが重要であり，また，それによって視野を広げたり，生き方や進路を考えたりすることにつながり，その人生をより豊かにできることに結び付いていくことが必要である。学校図書館は，常にその視点を持って，学校内の教職員と連携して，読書指導・支援に取り組むことが求められている。

《注》

１）阪本一郎『現代の読書心理学』金子書房，1971，p.129-134

２）Ross, Eulalie Steinmetz.『ストーリーテリングについて』山本まつよ訳，子ども文庫の会，1995

参考文献

岡山市学校図書館問題研究会編『ブックトーク入門』教育資料出版会，1986

北畑博子『いつでもブックトーク —構想から実施まで８つのポイント』連合出版，2001

全国SLAブックトーク委員会編『ブックトーク —理論と実践』全国学校図書館協議会，1990

松岡享子『絵本を読むこと』東京子ども図書館，1973

Colwell, Eileen『子どもたちをお話の世界へ』松岡享子他訳，こぐま社，1996

Trelease, Jim『読み聞かせ：この素晴らしい世界』亀井よし子訳，高文研，1987

Ross, Eulalie Steinmetz『ストーリーテリングについて』山本まつよ訳，子ども文庫の会，1995（ストーリーテリングシリーズ，１）

Sarto，Montserrat『読書へのアニマシオン：75の作戦』宇野和美訳，柏書房，2001

Shaw，Spencer G.『ストーリーテリングの世界』竹内悊編訳，日本図書館協会，1999

Shaw，Spencer G.『ストーリーテリングの実践』伊藤峻，竹内悊編訳，日本図書館協会，1996

4 読書の導入的な指導
――楽しむ読書を中心に――

米谷茂則

《目標＆ポイント》 健全な読書活動を始めさせるために，学校図書館を中心とした読書環境を整え，読書への導入に効果的な指導法を考えて，児童生徒が読書することを楽しめるように指導していきたい。
《キーワード》 1．児童生徒と本を結ぶ　2．学校図書館の整備　3．読書の時間の確保　4．読書の習慣化　5．朝の読書　6．読書活動集会　7．中学生・高校生の絵本読書

1．読書指導の基本の考え方

(1) 児童生徒の学校外での生活状況

児童生徒の読書を考える場合は，彼らの日常生活全般をとらえていかなくてはならない。日常生活の中で，学校外において児童生徒がどのようにして過ごしているのか，読書をもしているのかについて，とらえていく必要がある。

小学校上学年（4・5・6年生）では家庭学習や塾，テレビ・ビデオ視聴，ゲーム，スマートフォン等で時間を費やす。また，小学校上学年のうちから学校の部活動や地域の野球，サッカーチームに所属して活動する児童もいる。都市部では児童が外で遊ぶ場所がなく，公園では野球やサッカーは禁止であることが多い。上学年の女子児童は外で遊ぶということ自体がないと考えてよい。

中学生と高校生では部活動や塾，家庭学習，テレビやビデオ視聴，友達と遊ぶ，ゲーム，スマートフォン等で時間を費やす。また，外でのサブカルチャーにも時間を費やす。

(2) 電子メディア優位の時代に，児童生徒と本を結ぶ

1960年代，70年代，80年代にかけて次第に「児童生徒が本を読まなくなった」という声が深刻になり，1990年代になってからは，その声を当時の文部省も無視できずに対策をとらざるを得なくなり，小学校と中学校の図書購入費を増額する予算措置を取った。それ以後も児童生徒の読書に結びつく政策を実施した。

一方で1990年代に家庭におけるパソコン保有が進み，2000年には50%を越えた。それに伴いインターネット利用は2000年には60%を越えた。それが今やケータイを経てスマートフォンから，あるいは各種の情報機器からインターネットを利用するようになった。

児童生徒が家庭で読書する時間というのは，極くわずかでしかない。いまや家庭で読書するというのは，小学校下学年（1・2・3年生）児童と私立学校の児童生徒である。

以上のような状況から，学校において読書の時間を確保していく必要が重要な課題となり，学校現場も努力をした。

文部科学省は平成28（2016）年度に小学校，中学校，高等学校の「学校図書館の現状に関する調査」をおこなった。調査結果の平成27年度末現在において，全校一斉の読書活動をしている公立の小学校は約19,600校の97%であり，公立中学校は約9,400校の88%，公立の高等学校は約3,500校の42%に達した。これは始業前，授業中，昼休み，放課後などに毎日あるいは週に1回，月に数回でも全校一斉の読書を実施している学校の割合である。実施頻度では，毎日実施している小学校が15%，中

学校が61％，高等学校が44％であり，週に数回実施している小学校が44％，中学校が25％，高等学校が12％である。実施頻度は，全校一斉の読書活動をしている学校数に対する割合である。全学校数に対する割合を見ると毎日実施している中学校が54％であり，高等学校の19％，小学校の14％に比較して格段に高い実施率である。中学校では学校数の半数以上が毎日，全校一斉の読書を実施しているということである。このことは図４-１の平均読書冊数の推移において，中学生の冊数の上昇という結果に現れている。

(3)　読書によっても豊かな人間性を培っていく

ところで，本科目の履修者の半数以上は，現職の教員である。これまで10数年以上の間，履修者の通信指導と単位認定試験の解答を読んで，読書について考えを改めたほうがよい２点を記す。

１点目は「軽読書」という用語である。そのような読書はない。履修者の解答を読む限りでは絵本，マンガ，意味がはっきりしないが通俗的な作品などを指しているようである。読書冊数が多い小学生の読書については，教師や保護者からすると読まなくてもよいような作品も入っているかもしれないが，それによって選書眼を培っているということもいえるのである。絵本とマンガは第８章において解説している。

２点目は，読書によって作品中に書いてあることを擬似体験，間接体験ができるという考えである。読書によって擬似体験ができるということはない。読書は考えながら，想像しながらの行為であって，書いてある内容を擬似あるいは間接的に体験できるということはない。

小学生，中学生，高校生にとって体感を伴う諸活動は，人間形成に非常に重要である。読書と人間形成との関係では，読書によっても豊かな人間性を培っていきたいという考えでありたい。

2. 導入指導のための環境の整備

(1) 読書の時間の確保

小学校，中学校，高等学校の現場における児童生徒の読書推進の努力によって，「5月1か月間の平均読書冊数」がどのように変化したのかを見ていく。毎日新聞社と全国学校図書館協議会とが毎年5月におこなっている読書調査の公表結果である（『学校図書館』2018年11月)。

1990年代半ばから後半を底にして読書冊数が少しずつ増えているのがわかる。特に，中学生の読書冊数の上昇は注目してよい。これは前述の全校一斉の読書に取り組んだことが大きな理由である。また，21世紀になって，中学生が手にとって読みたくなる作品が増えてきた。それらは第7章の2000年からの読書作品名で提示している。さらに，国語科の教科書において，校種や学年に応じた読書作品が提示されるようになった。これらのことが相まって，中学生の読書冊数が上昇したと考えてよい。

平成15年度から，12学級以上の小学校，中学校，高等学校に司書教諭

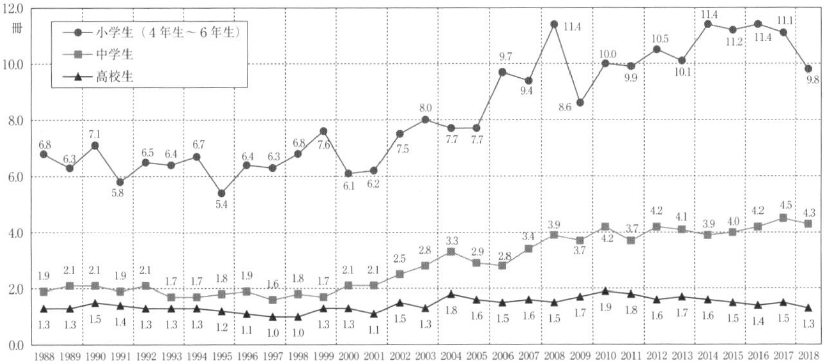

図4－1　過去31回分の5月1か月間の平均読書冊数の推移

が配置された。また，学校司書も高等学校だけではなく，自治体の努力で中学校，小学校においても配置が進んでいる。司書教諭を中心にして読書推進策を話し合い，読書の時間を確保していきたい。

(2)　学校図書館の整備

話題を集めたOECD・PISA学力調査や文部科学省の学力調査などの結果から，児童生徒自らがものごとを主体的に考える学力をつけていくことが重要であることの理解がすすんできた。このことは，学校図書館機能を駆使した調べ学習，課題学習，課題研究，考える読書を推進していきたいことと大いに関係している。

児童生徒の読書活動を積極的にさせるためには，読書の時間を確保したうえで，要望する図書資料を増やすことから始めていきたい。

そして，生徒の要望で購入した図書を要望した特定の生徒にだけ知らせるということではなく，例えば「図書館だより」などで全校生徒に知らせたり，要望して読書した生徒にどこが面白かったのかについてコメントを書いてもらったりして掲示して広めていくなどが考えられる。

次に学校図書館の整備について考えていく。

学校図書館が校内のどこにあるのかということは，利用のしやすさに関わってくる，決定的に重要なことである。校舎上階の端というのではなく，学校の中心となる場所や児童生徒の動線の中に位置しているとよい。学校図書館の移動は難しいことではあるが，近年では改築や新築などを機に，児童生徒の動線上に移動する学校も出てきている。

学校の玄関廊下の壁面には，「図書館へのいざない」となる多くの掲示があり，各学年の掲示板，図書館近くの掲示板にも読書に関する掲示物があるようにしたい。

そして，図書の配架を工夫したい。日本十進分類法によってそのまま配架するのではなく，校種に応じて児童生徒に分かりやすく，興味を引きそうな配架の仕方を考えたい。例えば，高等学校では，どのような科があるのかによって蔵書構成が違ってくるし，それを各科の生徒に分かり易く配架していきたい。

(3) 読書の価値を真剣に認めたい

読書をただ単に楽しむだけとして考えているなら，楽しみは他にもあるという児童生徒の価値観に対抗できない。指導者が，読書にそれ以上の価値を認めることが大切である。それは口で言うだけではなく，5章や6章，8章，11章，12章にあるような読書活動をおこなっていくことによって，児童生徒に読書が浸透していくのである。

3. 導入指導の具体方法

(1) 朝の読書を推進する

①全校一斉読書の広まり

児童生徒に読書習慣を身につけさせる取り組みの一つに，全校一斉読書のうちでも「朝の読書」の実施がある。

「朝の読書」とは，登校後の朝の時間帯に，学級全員が自分の読みたい本を読書することである。現代の児童生徒は，落ち着いて静かな雰囲気の中で読書するということはあまりないので，その時間を確保することに大きな意味がある。

21世紀に入り，中学校では朝の読書が全国的に進展した。特に2005年以後に実施率が急速に伸び，2009年には全国の実施率が80％を越えた。中学校で注目したいのは実施頻度であり，毎日実施している学校が実数で半数以上となった。中学校において朝の読書推進に成功したレポートによると，成功のカギは１年生から実施を始め，次の年度は２年生と１年生で実施するというようにしていくと，３年間で全学年におこなえるということである。

この先の課題は高等学校である。中学校での実施率が80％を越えるということからすれば，高等学校においても，中学校で成功したのと同じ方法によって実施率を高めていきたい。私が出講している大学にて「読書と豊かな人間性」科目を履修している学生への聞き取りでは，小学校，中学校では読書していたが高等学校ではあまり読書していないという発表が多いのである。ただし，高等学校での新しい傾向も出てきているので，期待したい。岩波新書，中公新書などの新書読書である。

「朝の読書」にて読む本は，前もって児童生徒自身に選ばせておき，その日の時間帯には他の本と取り替えないようにさせる。前日のうちに準備をさせておくという学校もある。

朝の読書の間は，教師も児童生徒と一緒に読書することによって手本を示すことが重要である。児童生徒はその様子を見習って，読書に集中するようになっていくのである。この時間に教師が別のことをしていたのでは，朝の読書は成功しない。

②朝の読書を成功させる条件

第１には，時間を確実に確保することである。余程のことがない限り，その時間の予定の変更をしないで実施することが大切である。それによって，児童生徒は安定した気持ちで読書に取り組むことができる。一定の時間読み浸ることが精神の安定にもつながるし，平常心を養うことにも通じるのである。

第２には，朝の読書で読む本を十分に用意したい。私が出講している大学の学生への聞き取りでは，中学生，高校生とも友人との貸借が少なくないのである。生徒の要望を聞いて，学級文庫において充実させる，人気の作品は学校図書館にて複数以上揃えるなどの対策を考えていきたい。

第3には，教師が児童生徒の個別相談に乗ってあげることが必要である。ふだんは教師に相談しようとしない児童生徒でも，教師が読書について積極的に話しかけることによって，教師に相談できるような雰囲気をつくっていくことが大切である。そうすることによって，「読みたい本がない」などという児童生徒とも話し合うことができるのである。

司書教諭や図書主任は，朝の読書を学校全体として推進していく立場になる。学級担任の相談に乗り，児童生徒が「朝の読書で読むような本ない？」と相談にきたら，十分に話を聴いてあげることが大切であり，学年相応の本を出してあげたいものである。

③課題

この先，電子図書の読書ということも考えていかなくてはならない。インターネット接続のタブレットを児童生徒に持たせるということになれば，電子化された作品を読んでいくということが予想できる。

次には，児童生徒の読書活動を指導するのは司書教諭だけではないということを確認しておきたい。中学校，高等学校の学級での朝の読書の取り組み，あるいは総合学習での課題学習や課題研究を学年全体で指導するということからもわかる通り，児童生徒の読書活動を指導するのは小学校，中学校，高等学校の全ての教員なのである。特に，中学校，高等学校では自分の専門教科に関連した本を積極的に生徒に勧めていきたいものである。

朝の時間帯に読書の時間が確保できたからといって，それで満足してはいけない。この科目での読書の導入，展開，発展の指導をおこなう時間の確保が必要である。学校において読書の時間を確保するということは，読書の指導方法とは何の関係もなさそうであるが，先に記したように家庭での読書が期待できないこと，そして学校でも教科の時数確保が優先されることから，重要なことなのである。

これまで導入指導というと読み聞かせ，ブックトークが取り上げられることが多かった。これらの方法は多くの人々によって実施されてきた。しかし，どうかすると「多くの小学校児童に」読み聞かせをしたいという願いが強すぎて，集団に対しての導入に傾きがちである。例えば，よく取り上げる絵本では，ひとりで同時に絵を読み文をも読むということはできない。「読み聞かせ」では眼で絵を読み，耳から文の読みを聴いているのである。この絵本の特性を考えた場合は，絵がよく見えるように極く少ない人数での実施の方がよい。小学校１年生，２年生が読書する姿を見ていると，ある児童の机の回りに数人が集まり，椅子に座った児童が物語を読み，他の児童は立ったままで絵本の絵を見ているという場合がある。小集団での自然な姿であり，絵を読み，物語を聴くという能力を分けた理に適った読書でもある。このような読み合う姿を大事にして，授業でも取り入れていきたいものである。

⑵　節目の段階で本を紹介し合う

まず，小学校４年生の時期が，読書のターニングポイントである。小学校でも上学年になったことからくる時間の問題がある。また，絵本から文字中心の作品に導きたいという指導者側の既成概念があるため，児童の中には文字量に圧倒されて，文字中心の本にうまく移行できないという場合もある。この点については，上学年になったからといって絵本から卒業させる必要はないのである。上学年相応の絵本を勧め，絵を読んでいく活動を指導していくようにしたい。４年生では，それまでに読んできた本のうちで友達に勧めたい本をジャンル指定するなどして，内容を紹介する「読書新聞」などを作らせ，「友達がすすめる本を読んでみよう」というようにもっていく。すると，勧めた児童と読んだ児童の間で，その本についてのコミュニケーションが成立する。

次には，中学校である。中学生は，小学生に比べると読書の冊数が少なくなっていることが，先の「５月１か月間の読書冊数調査」結果から明らかである。これは，身体の成長とともに運動の部活動に取り組むようになり，また，学習塾へも多くの生徒が通うようになり時間がないなどの理由が大きい。しかし，学習塾で読書を勧める場合もあること，そして何よりも朝の読書に取り組む学校が増えてきたことなどで，読書する条件は改善され，中学生としての読書冊数は1990年代の調査による５月に２冊という状態からは倍に増えてきている。加えて，中学生が手にとって読みたくなるような，現代的な課題をテーマとした作品が多数出版されたことも，読書冊数が上昇した理由として挙げてよい。

中学生への指導で留意しなくてはならない重要なことは，運動にも学習にも両立して取り組んで欲しいということである。読書については児童から青少年期の文化という概念の中で考えていきたい。社会を構成する人間として，読書活動を通して人と人とが正常に関わりのある関係を作り，維持できるようにと考えて，指導していきたいものである。

このようなことから，小学校の段階で導入指導は終わっているとは考えないで，中学生としての導入指導に取り組むようにしたい。それは，教師から生徒というよりは，例えば上級生が１年生に勧める作品を紹介するなど，生徒相互の人間関係から考えていった方がよい。中学生にとっては部活動の存在は大きいものがあるので，例えば野球部やサッカー部の上級生に下級生へ勧めたい本を選ばせて，大きめの紹介カードに書かせて図書館に掲示するなど実施していきたい。

上記は，高等学校でも同じにしたい。全国の多くの中学校において朝の読書を推進しているのを受けて，高等学校では朝の読書を実施していきたい。登校時刻との関係からして朝の実施が難しいということから，午後の授業開始前の10分に実施しているという学校もある。

(3) 読書活動集会

さらに，児童生徒相互に，読書した本をいろいろな表現活動によって紹介し，そこから読書にいざなうなどのめあてをもっておこなう読書活動集会について記しておきたい。

学級生活をいっそう楽しく充実させるために，小学生が楽しく取り組める表現活動のいくつかを紹介する。

下学年では，ペープサートや紙芝居を作って本を紹介するのが楽しい。上学年では，エプロンシアター，詩の朗読，理科系の本を実験などによって紹介する，体育や音楽，図工，家庭科の本を実技とともに紹介するなどが楽しい。これらの活動では著作権にかかわる問題が発生する場合もあるので，巻末付録の「読み聞かせ団体等による著作物の利用について」を参照しておきたい。

どの学年でも楽しいのは本の内容を劇化する方法である。あるいは作者の違う同じタイトルの絵本を見比べて比較させることもできる。また，文のない絵本に物語をつけて発表させるのも，児童の積極的な取り組みが期待でき，楽しい活動が展開できる。

中学生と高校生に勧めたいのが，生徒によるブックトークである。グループごとにテーマを決めて使えそうな本を集めて持ち寄り，話し合いによって使う本や順序を決めて，紹介の文を考える。その過程で読みが深まることが予想されるし，友達相互の紹介の方が紹介された本を読む可能性が高い。

近年は中学校，高等学校図書館に絵本を配架する学校が増えてきている。中学生，高校生向けとして例えば『かさをささないシランさん』，『絵本西遊記』，『クジラの跳躍』，『雪の写真家ベントレー』，『急行「北極号」』，『絵本　アフリカの人々』，『雲のてんらん会』などがある。絵の読みを深めて紹介するなどを勧めたい。

次には，全校レベルの読書活動集会である。学校における楽しみの一つとしての集会活動，その中でも読書集会を，年数回は何等かの形で実施していきたい。1単位時間でなくても1/2時間程度の内容でもよい。例えば，図書委員会を中心にして，全校の読書に結びつく内容と，全員に楽しんでもらう内容を企画する。具体的に「読書○×クイズ」，「教員によるお勧めの本の紹介」などである。また，中学校や高等学校では演劇クラブの協力を得て，物語の本の中心場面を劇にしてもらって何冊かを紹介するなども楽しい。

学級で読書集会を実施した後は，必ず何時間か，紹介された本を自由に読む時間を確保することが重要である。この時間を確保することで，本を仲立ちにして紹介した人と読んだ人とのコミュニケーションがおこなわれるのである。また，全校集会で紹介した本は，必ず図書館に目立つように配架しておきたい。

教師から児童生徒へという一方的な指導ではなく，楽しむ読書こそ児童生徒相互の活動を推進していきたい。司書教諭・図書主任を中心とした教師は，その活動を組織化していくことができるとよい。

参考文献

全国学校図書館協議会『学校図書館』毎年の11月号

岡田尊司『脳内汚染』2008年　文春文庫

5　読書の展開的な指導
――調べ学習を中心に――

米谷茂則

《目標＆ポイント》 各教科や総合学習での調べ学習，課題学習，課題研究は，本来的な意味での児童生徒の学習の中心となる活動である。その自主的な学習を進めていくための具体的な指導内容について解説する。
《キーワード》 1．調べ学習のテーマ　2．参考図書の整備　3．調べ学習用の資料　4．教科，総合的学習における調べ学習　5．人マップ　6．調べ学習の具体学習過程　7．日常体験の大切さ　8．自分の考えの形成

1．調べ学習の具体的な展開

(1)　調べ学習の具体学習過程

調べ学習は，特に平成時代に入って以後，総合学習の時間や教科の学習方法の一つとして，さかんに実践されるようになってきた。実際に調べ学習を実施することで課題発見能力，課題解決能力，思考力，判断力，表現力などを培っていくことができる。それが教科共通の学力となっていく。

これまでの実践を通して次第に固まってきた学習過程について，順を追って簡単に解説しておきたい。

①意欲づけ

自分で時間をかけて調べていきたいという意欲を持たせていくことが必要である。総合学習では，学年ごとに学習テーマが決まってきている

ので，導入時にこれまでのレポート作品を見せて意欲を喚起するとよい。教科では，「学習の手引き」などの課題を話し合ったりして興味，関心を持たせるようにしていきたい。

②調べるテーマを決める

21世紀の社会を担う児童生徒の創造性の基礎を培うには，自分自身で問題（テーマ）を設定する力を身につけさせる必要がある。

テーマ設定の仕方は，大きく分けて２通り考えられる。一つは，指導者が大きなテーマを提示し，その中位（中テーマ）や下位のテーマ（小テーマ）を児童生徒が設定する方法である。教科の学習や総合学習でも，例えば「環境」などのように広い範囲を学習対象とする場合は，このようにしてテーマが決まっていくことが多い。

テーマ設定の二つ目の方法は，総合学習で児童生徒が自らテーマを設定する方法である。小学校の上学年になると，普段の学習での興味や疑問，あるいは教科書の中の発展課題などをある時期にまとめて示したりすると，児童がそれらの中から選ぶことができる。ただし，そのようにできない児童への助言は必要である。中学校，高等学校では，自ら進んで，自分の興味や関心にもとづく学習テーマを設定できるようになるまで指導していきたい。

そして，この段階で重要なのはテーマを設定するだけでなく，「どんなことを調べるのか」について，調べる内容と方法を具体化させることである。「テーマ設定」とはそこまでのことを言い，このことはそれ以後の流れの全てを決めてしまうほど重要である。したがって指導者は，テーマの設定と調べる内容の具体化，調べる方法について，個別に相談に応じていくことが大切である。必要に応じて再考させることもある。

さらに，調べ学習をどのような形態でおこなうのかも重要なことである。学習能力を高めていくには，個人で取り組ませていく方がよい。グループでおこなう場合には，中テーマや小テーマが同じ児童生徒で課題別グループを構成する場合もあるし，普段の生活班でテーマを相談して決めていく場合もある。グループの課題別と生活班別ではそれぞれに長所と短所がある。個人，課題別，生活班別といろいろな形態で取り組ませていくとよい。

これらのようにした上で，指導者は個人でもグループでも各々個別にテーマと内容と方法をメモして把握し，以後の各段階において個別に指導していく。

③資料を収集する

教科での調べ学習の場合は学校図書館資料を活用することが多い。総合学習の時間では，学校図書館資料を活用するだけではなく，校外に出て調査，見学したり，テーマについて知っている人の話を聴いたりという場合も出てくる。また，教科でも，総合学習の時間にしても，コンピュータのインターネットから必要なあるいは関連した情報を得るということも一般的になってきている。注意したいのは，この段階では，資料や情報を生のまま収集するということである。

④資料からテーマに即した情報を読み取っていく

この段階ではテーマに即した情報を吟味していく。吟味の結果，テーマについて調べる内容が不足していれば付け足していく。また，テーマを設定し，調べる内容項目を決めて調べ始めても，この段階で情報を整理すると，別の項目を調べる必要が出たり，関連した項目についても調べる必要が出たりする。そのようにして，次の「まとめる」段階を意識して，情報を整理していく。

⑤読み取った内容の組み立てを工夫してまとめる

レポート用紙にまとめさせたり，グループで取り組んだ場合は模造紙にまとめを書いたりする。まとめの段階の指導については，これまであまり深められていなかった。これまでの実践から羅列，分類，比較，分析，関連などのまとめ方を解説する。

ｉ **羅列**：調べてわかった内容を列挙していく方法である。小学校上学年になると，内容が深まり分析的になったり，時系列で列挙したりできる。調べた内容をどのようにまとめるのかは個別のテーマとも関係することであり，羅列しかないという場合もある。例えば人物調べでは，調べた内容について時間を追って記述していくのが一般的である。

しかし，これまでの実践から，羅列の過程を経てそこから分類，比較，関連へとまとめを展開させていくということもいえる。したがって，テーマに対する考えを深めるためには，できるだけ羅列から次の段階のまとめ方へと指導していくとよい。

ii **分類**：テーマに即したデータをたくさん集め，同類のものをまとめ，全体をいくつかに種類分けしていく。分類した結果は表やグラフ化されることが多く，量として出されるので考察がしやすくなる。中学生，高校生が自らデータを収集するということは，奨励していきたい。

iii **比較**：調べた内容をある観点から比較することでテーマに迫っていく方法である。ある対象について場所を変えて比較したり，時系列で比較したりする方法は，相対的に対象をはっきりとらえることができ，対象への理解が深まる。また，違いをとらえることで，そこから自分の考えを構想することもできる。これは一般にも用いられる方法であり，今後も推進していきたい。

iv **分析**：調べて分かった内容をいくつかの要素に分けて，その要素などを細かい点まではっきりさせる。対象をいくつかの要素に分けるということは，はじめから分けて調べ始めることもあるが，調べている途中で分けられることに気づくことも多い。

分析による調べのまとめ方は，テーマを掘り下げ，鋭く対象に迫ることのできる方法の一つであり，小学生には高度ではあっても５年生，６年生では推進していきたい。

ｖ　**関連**：テーマに対する一つの答えで終わらせずに，いろいろな観点から追求していく方法であり，調べてわかった内容について，相互の関係をつかみ系統的に関連づけてまとめる。グループでの実施の場合は，関連付けが重要になってくる。

調べていく途中で，収集した情報を分析したり比較したりして，追求しなければならない関係した内容が出てくる場合もある。また，調査や見学などで調べた内容を図書資料で補足したりなどの場合もある。

調べた内容そのものをまとめとして書く場合には，その内容を要約せずに，小学校のうちから引用させる。引用については各学校種の国語科教科書に，その方法が記述されるようになった。中学校，高等学校と指導段階を引き上げて，まとめの段階で必ず指導していく必要がある。

⑥発表する

まとめたら提出して終わりということではなく，口頭での発表などを必ずおこないたい。そのためには，調べた内容やそれに対する考えが聴いている人によく伝わるように練習の時間を確保する必要があり，助言もしていくようにする。発表の方法として高等学校，中学校だけではなく小学校でもプロジェクターを使う例が出てきている。ただし，方法よりも，発表内容の方が重要であることに留意したい。個人別やグループ別に発表一覧を作成して配布しておくと，発表を聴く側もそれにメモしたりして，内容を理解しようとするようになる。

発表物は，個人のレポートは本人の了解を得て，コピーして図書館で保存するようにしておきたい。また，グループの発表物は，そのまま図書館で保存するようにしたい。そうすることで，次年度以後の参考資料となっていく。

(2) コンピュータの活用

インターネットによる検索は，小学生でも当たり前になってきた。インターネットからの情報は，必要に応じてプリントアウトすれば，資料として活用できる。しかし，児童生徒によっては，それに頼りすぎる場合も出てきているので，助言や指導も必要である。

コンピュータによる情報の収集にどのくらいの時間をかけてよいのか，前もって予定を立てさせて，学習に取り組むようにさせたい。

また特に，インターネットの無料百科事典「ウィキペディア」には注意が必要である。大百科事典並みの項目数になったことから便利である一方で，誤った情報が書いてある項目もあり，修正や追加が繰り返されている。何より執筆者の明記がないことが欠点である。

2001年に合衆国でウィキペディアを創始したウェールズは，朝日新聞社の質問に対して「どんな辞典でもメディアでも，100％正確とは限らない。ウィキペディアの情報だけに頼るのではなく，情報のとっかかりとして使えばよい。」と答えている（朝日新聞2007年９月４日）。

情報を得る方法について，指導者は，目的に最も適している収集の仕方をアドバイスしていく必要がある。インターネットからの情報をまとめに使う場合は，誰が書いたものなのかがはっきりしているものを使わせる。ウィキペディアの情報は，引用させないようにする。

(3) 課題として，「自分の考えを持たせる」ことが重要である

調べて分かったことをまとめるだけではなく，調べた内容についての自分の考えを書かせることが重要である。小学校，中学校，高等学校と校種，学年が上がるほど自分の考えを書く分量が増えていくように指導していきたい。また，児童生徒相互や指導者との対話から考えを深めさせていくことも重要である。グループでの実施の場合でも，自分の考え

は，個別に書かせるようにする。書くことによって，自分の考えを整理し，はっきりさせることができる。

2. 調べ学習の具体例

(1) 日常の体験や学習の大切さ

学校図書館機能を使って調べ学習を授業として時間を設定するからには，時間をかけて学習しなければならないほどの価値のある学習テーマでなければならない。

価値の高い学習目標を内在したテーマを持たせるためには，身辺の出来事を始め，いろいろなものごとに対して疑問を持ち，「どうして」なのか明らかにしたいという意欲を持たせることが大切である。そのためには，より多くの生の身体感覚を伴う体験を積ませ，その中から，自分から進んで解決しようとする問題設定をさせていくことが重要である。

(2) 各校種ごとの具体例

①小学校における調べ学習の例

教科での調べ学習として，国語科と社会科での実施例が多い。国語科では，教科書の説明文教材において，単元学習として図書資料などを利用して調べてまとめていく学習が設定されている例が増えている。

社会科の４年生では，自分たちが住んでいる地域の自然などについて，５年生ではいろいろな地域の生活や伝統工芸について，６年生では歴史上の人物について調べる例が多い。

総合学習では環境問題，福祉などについて，あるいは校外宿泊学習の事前の調べ学習などの例が多い。

②中学校における調べ学習の例

教科としての調べ学習として，国語科では俳句や短歌の意味や作者について調べる例などが多い。社会科では日本の各地域の特色や歴史的事件の詳しい内容について調べる例などが多く，自然エネルギーについて調べる例などもある。家庭科における食品の栄養成分調べ，音楽科における作曲家の生涯についての調べ学習などもある。

総合学習では修学旅行の事前の調べ学習，環境問題や地域の福祉に関する調べ学習などの例がある。他に，文化祭をおこなう学校では，出し物によっては調べ学習をおこなう場合もある。

③高等学校における調べ学習の例

教科としての調べ学習として，国語科では古文の意味や作者についての調べ，文学作家の人物調べなどがある。地理歴史科では歴史的事件の詳細な課題研究，公民科では時事問題についての課題研究，思想家の思想内容と人物についての課題研究などがある。家庭科では食品添加物の課題研究などがある。科目として美術科や音楽科では芸術家の作品や人物についての課題研究などがある。

注目したいのは，保健体育科において課題研究の例が少なくないことであり，高等学校の特徴である。性犯罪，睡眠，環境汚染と人体の関係，ダイエット，ドーピング，アルコールの害，薬物の危険性，うつ病について，食べ物とがんの関係などについての例がある。総合学習としては修学旅行の事前学習の例などがある。

⑶　課題

各校種ともに，インターネットからの情報収集に頼りすぎないように，特に総合学習では体験活動と結びついた調べ学習，課題学習でありたい。また，特に環境をテーマとした総合学習は，各学校種での実践があるので，中学校，高等学校では下位の学校種より深めたテーマ設定，あるいは環境でもそれ迄に取り組んでいないテーマでの実施であるとよい。

高等学校では生徒の学習の中心である教科学習や総合学習においても，学校図書館機能があまり活用されていない例が少なくない。それでは，学校図書館の存在そのものが問われることにもなる。司書教諭・図書主任は，学校図書館部会として教科担当及び生徒に，資料を整備したうえで教科学習や，「総合的な探究の時間」における利用促進を呼びかけていきたい。

3. 調べ学習のための学校図書館資料の整備

(1) 教科の調べ学習用に資料を整備する

各教科部会から年間学習計画と単元ごとの「資料リスト」を必要度の高いものから順位をつけてもらって，選書委員会などで検討して購入する資料を決める。現実の学校図書館予算が少ない場合は，年度ごとに重点教科や領域をきめて，３～５年計画くらいで実行に移していく。

調べ学習用には，教科の学習や総合学習の活動のために辞典，事典，図鑑，年鑑，地図などの参考図書を数多く揃えておく必要がある。

「辞典」は，小学校では「国語辞典」や「漢字辞典（漢和辞典）」は学級の人数分揃える。それは，国語科での一斉学習用である。それ以上は違う種類の辞典を用意する。小学校においても外国語辞典が必要となってきている。中学校，高等学校では，外国語の辞典をはじめとして各種の辞典を備えておく。特に高等学校では国語辞典，漢和辞典の大辞典があるとよい。

「事典」は，百科事典だけではなくいろいろなテーマの事典がある。校種に合ったものを備えておくことが重要である。中学校，高等学校では，専門事典も備えておく。

21世紀となってから，20世紀を記録した各種の事典が出版となっているので，学校種に合ったものを資料として備えたい。

「図鑑」は，小学校にあっては調べ学習のための中心資料といえるものである。「動物」や「植物」という最上位の概念のものから最下位の概念の専門図鑑まで，出版社によって特色ある図鑑が出ている。上位概念の数十冊については，該当の書架だけではなく参考図書のコーナーにも配架しておくとよい。また，利用の多いテーマの図鑑は２冊，３冊と複本を用意しておく。小学校上学年や中学校では，細かい部分までの説明がより詳しい「図解」や，説明が多くなる「図説」なども用意しておく。基本的な概念の図鑑は，中学校，高等学校でも備えておきたい。

「年鑑」は，各種のデータを得るために必要な資料である。『朝日ジュニア学習年鑑』や他のデータブック，そして中学校，高等学校では『現代用語の基礎知識』などのほか『理科年表』も備えておく。

『朝日ジュニア学習年鑑』は小学校５年生，６年生と中学校の全学年でも各学級にも備えておくとよい。すると，幅広い分野のニュースや基礎知識の解説を，時間のあるときに読むようになる。該当年度のドキュメント資料となるので，年度を経ても廃棄せずに配架しておくとよい。

時事用語の解説辞典の類は，紙媒体からウェブ版へと移行しているものもあるので，留意が必要である。

「地図」は，各校種で使用している最新の地図帳の他に，小学校では中学校と高等学校用の地図帳を，中学校では高等学校用の地図帳をも備えておく。改定ごとに購入し，廃棄せずに保存しておくとよい。

上記のほか，小学校では「ことわざ辞典」など，中学校と高等学校では「スポーツルール集」，「カタカナ語辞典」，『なるにはブックス』，「資格ガイド」，「国勢図会」なども配架してあるとよい。

ここまでは紙媒体の資料を記した。電子媒体となっているものもあるので，今後は購入について検討課題となってくる。

これらのような参考図書の他に，新聞記事などでファイル資料を作成していく。最新の情報を得るためである。新聞記事をファイル資料とする場合は継続性があるとよい。

(2) 「総合的な学習」及び「総合的な探究」に対応した資料の整備

総合学習が実施されるにつれて，図書館資料を使う学習の頻度が高くなってきた。図書資料重点の収集の仕方から，図書以外の資料の収集にも意を用いなくてはならなくなっている。

司書教諭・図書主任は，どの学年がいつどのような単元を設定するのかを熟知しておき，早くから資料の収集や整備を心がけておきたい。そのためには，教科部会や学年部会との連絡を取り合って共通理解を密にしていかなくてはならない。

資料の不足が事前にわかっている場合は，地域の公立図書館と連絡をとり，団体貸し出し（100冊・200冊とまとめて１か月単位で貸し出してもらうこと）を学年単位で利用するとよい。現在では学校図書館支援センターを設立した地域が少なくない数となっている。その中でも白山市学校図書館支援センター，豊橋市授業・学習支援センター，浜松市学校図書館支援センターなどのように，支援センター内部に貸し出せる蔵書を持った実践の広まりが期待される。ただし，これらを借り受けたとしても，自校の蔵書ではない点に留意が必要である。

図書資料や図書以外の資料だけではなく，それぞれの単元について情報を提供してくださる人を探しておいて，「人マップ」として学区域や市町村などの地図に，関係する情報を提供できる人を予約しておいて記入したものを作っておくことも大切な仕事となる。

(3) 学校独自の資料構成をめざす

上記のような資料を揃える場合は一点一点に当たって，図書資料の中身を検討して取捨選択しなければならない。児童生徒の使用に適した資料で，調べたいことがどの本のどこに書いてあるのかが分かる資料が出版されてきているので，活用していくとよい。

しかし，例えば詳しい資料リストを作ったとしても，その後から新しい出版物が続々登場するから限界がある。そこで，資料を借り受けることのできる公立図書館で，資料検索できるようになっていれば，それを利用するとよい。「国際子ども図書館」や「国立国会図書館」でも，インターネットでテーマ検索することができる。また，「日販図書館センター」では資料展示もしている。

学校の教育目標や地域の実情に合わせ，児童生徒や教師の要望に応え，教科や総合学習に対応した学校図書館の蔵書構成をしていくことは，学校図書館法の要請に応えることでもある。小学校や中学校では，まず文部科学省の図書標準を最低の蔵書数として備えていきたい。高等学校は，文部科学省の図書標準数がないので，全国学校図書館協議会の標準数を参考にしていくとよい。その先は，学校独自に，どの分野の蔵書を増やしていくのかを，選書委員会などの中で検討していくとよい。

参考文献

『学校図書館』2017年８月「特集 理数・実技系科目の図書館活用」
米谷茂則『読書科からの希望の学習』悠光堂，2014年

6 読書の発展的な指導
――考える読書を中心に――

米谷茂則

《目標＆ポイント》 読書するだけで終わらないで，読書によって自らの考えを広め，深めていく具体方法について解説する。特別支援学校の読書資料及び読書活動について解説する。
《キーワード》 1．絵本の絵を読む読書活動　2．テーマ読書　3．複数の資料の比較　4．読書感想を深める指導　5．思考力を培う読書　6．読書レポート　7．読書会　8．特別支援学校の読書資料及び読書活動

1．考える読書の具体例としての「絵本の絵を読む」，読書レポート，テーマ読書

考える読書の実践は，少しずつ裾野を広げてきている。読書するだけで終わらずに，作品に対してテーマを設定して，自分の考えを提示するというのが考える読書である。調べ学習で図書資料を利用し，テーマについてまとめ，それについての自分の考えを形成していくのも，考える読書といえる。

この章では，調べ学習以外の考える読書について取り上げていく。読書感想文，読書会，読書レポート，「絵本の絵を読む」指導などである。これまで広く知られていたのは読書感想文や読書会程度であったが，上記のように実践の方法が増えてきている。21世紀になって，諸外国との学力比較，また文部科学省の学力調査でも，児童生徒に特に思考力を身

につけさせることが大きな課題であることがはっきりした。読書においても，読書によって培う学力としての思考力ということを真剣に考えていかなくてはならない。考える読書の具体実践方法が増えてきたことはよいことであり，児童生徒の実情，実態にもとづいて，どのような方法で実践していくのかを選択していきたい。

以下では「絵本の絵を読む」指導，読書レポートやテーマ読書を，第２節で読書感想文の指導を解説し，第３節にて特別支援学校の読書資料及び読書活動について解説する。

⑴ 「絵本の絵を読む」読書活動

児童が意識して絵本の絵を読むようにさせていくのが，「絵本の絵を読む」活動である。１冊で絵を読むためには，文が比較的少なく絵を読む必然性のある作品がよい。例えば『かわ』（加古里子作・画）や『にちよういち』（西村繁男・作）などである。

『かわ』は，細かい丹念な絵で構成されている。例えば，どこに人間がいるのかを探すのが楽しい。『にちよういち』は市場の絵を見ながら，市場に集まった人々がどのような会話をしているのかなどを楽しむ絵本である。小学校下学年に複本を用意してグループで話し合いをさせると，児童は絵を読むようになる。次には，文のない絵本として例えば『かさ』が楽しい。中学生には抽象的なコラージュとなっている『うたがみえるきこえるよ』や『アンジェール』などにて，絵を読ませていくとよい。

ところで，絵本には，主に物語で同じ内容を扱ったものが，違う画家によって描かれている作品があるので，それらを互いに比較することによって，一冊だけで絵本を読む以上に楽しむことができる。これが，「絵本の比較」である。比較をする絵本作品によって小学校下学年，上学年，また中学校でもおこなうことのできる，考える読書である。

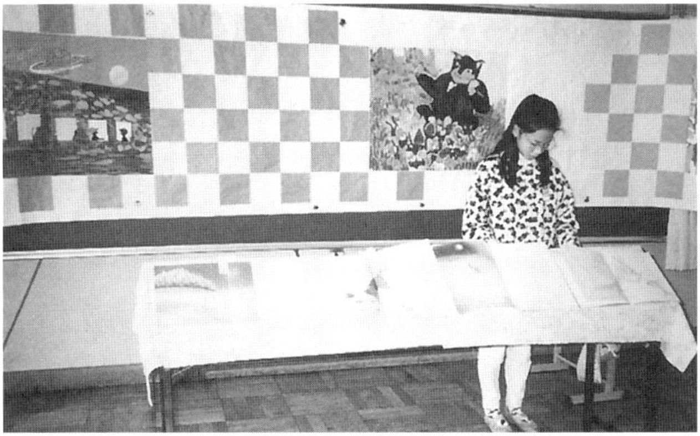

図6－1　絵本の比較（千葉県船橋市立湊町小学校）

絵本の比較をする作品は，絵を中心にしていくために，既に多くの児童生徒が知っている，学年に適した物語で実施する。絵を読む観点の設定について，絵本の絵は基本的に色と形でできているので，観点の１点目は「色」であり，２点目は「形」（対象の描き方）である。そして，３点目は「同じ場面の描き方の比較」である。同じ物語であっても，画家によってどの場面を絵にするのかが違う場合もあり，ページごとの場面の区切りが皆同じということではない。そこで，画家が違っていても絵になっている場面が同じところを，上記の「色」と「形」を観点として画家の違いによる描き方の比較をしていくのである。

例えば，小学校下学年では『おおきなかぶ』や『ももたろう』，『かさじぞう』などの民話が適切である。上学年では『手ぶくろを買いに』などの新美南吉作品，『セロひきのゴーシュ』などの宮沢賢治作品が適切である。学年が上がるにつれて，絵に対する注目の度合が上がり，数点の同じ作品の絵の比較をして，それを表現の違いとして読むことができるようになる。中学生や高校生には『銀河鉄道の夜』，『水仙月の四日』

などの宮沢賢治作品を勧めたい。

「絵本の比較」は「絵の読み」の一つの方法である。絵を読むことによって，絵を読む楽しさとともに感受性を高めていけるとよい。

絵本を配架している中学校や高等学校が増えているので，生徒が絵を読むという読書活動に向かうように指導していきたい。また，外国の有名な絵本作品を原書にて購入し，配架するというようにもしていきたい。配架している中学校，高等学校が徐々に増えてきている。

(2) 読書レポート

読書レポートは，読書した本について，その内容の要点を記録し，かつそれをある人に的確に報告するものである。本の内容を正確にとらえた後に自分の感想，意見や批判を書くようにさせたい。特に中学生と高校生に勧めたい読書学習である。

朝の読書を実施している高校にあっては，新しい傾向を見せている事例がある。それが新書の読書である。ジュニア新書や一般の新書である。全国学校図書館研究大会においても実践発表があり，私が出講している大学の授業における学生の発表でも，新書の読書をしてきたという事例の発表がここ数年でるようになってきている。自由に選択するという例や，ジャンルごとに数冊を指定する例もある。

その読書後にレポートを書かせる実践もでてきている。高校生であっても新書の内容を要約して要点にまとめるというのは，難しいことである。読んでいて関心をもった内容について文章を引用したうえで，上記のようなレポートを書かせるとよい。引用については教科書に説明が入るようになったので，実際に引用させて指導していきたい。

新書の読書については，ノンフィクションブックレポートとして定着させることができるとよい。

(3)　テーマ読書の推進

①テーマをはっきりさせる

ここでいう「テーマ」とは，資料や作品の主題ではなく，児童生徒自身が自分で解決したいという意識を持った問題のことを指している。

主体的に考える学習を展開していくためには，最初に「なぜ」「何を」という目的意識が必要である。児童生徒個々が目的意識をはっきり持てるように指導していかなくてはならない。

この読書学習を展開していくためには，上記のようにまず「テーマ」が魅力あるものでなくてはならない。学級全体としての共通したテーマ読書だけでなく，各個人に独自のテーマ読書を課題とさせるとよい。テーマ読書の仕方を身につけた児童生徒は，自分の必要に応じて自分自身でテーマを設定し，自ら読書学習を展開していくようになる。

②テーマ読書の段階

「テーマ読書」には，発達段階や読書力の違いによって，いくつかの段階がある。それぞれの段階に見合った指導法が工夫されなければならない。ここでは三つの段階を紹介する。

第１に，特定の人物や主題について何種類かの資料に当たって，その人物や主題について興味や関心を高めていく段階である。

第２に，興味を持ったことについて特定のテーマを設定して，そのテーマに関係のある複数の資料に当たって，考えを高めていこうとする段階である。この段階では次第に抽象的なテーマが多くなってくる。例えば，中学校に入学したての生徒たちは「友情」というテーマに関心を示しやすい。他の中学校に進学した友達もいるから小学校時代の仲良しグループがくずれ，新しい友達関係ができる。そこで「友情」のあり方が問題になる。また「異性」というテーマも中学校時代には欠かせない。

同じテーマに関心のある生徒同士が協力し合って考えを深めていける

とよい。グループの個々が別々の資料を持ち寄り，自分で選択した資料だけではなく他の人の資料も読んで話し合い，その内容を新聞形式で記録すると，深く印象に残るものになる。

第３に，社会的な問題や文化的な問題について特定のテーマを設定して，複数の資料を計画的に読み込んでいく段階である。

中学生や高校生の間では環境問題や社会福祉等に関する問題などへの関心が高くなる。これらのテーマに関する文献をリストアップして，それらを計画的に読み込んでいって，同じテーマに興味を持っている生徒相互に討論したり考え合ったりして，深めていく段階の読書である。

司書教諭としては，児童生徒ごとの事例について，支援の丹念な記録を残しておくとよい。そして，それ以後に見つけた資料も書き込んでおくようにすると，その場では十分な支援ができなくても，その経験を次に生かすことができる。

③テーマ読書の学習過程

まず，テーマを決める。よりよいテーマを持たせるためには，日常生活の中で，いろいろな出来事に対して疑問や関心を持たせ，注目させていく習慣を持たせる必要がある。

次に，テーマに合った資料を探し出す。複数の資料を読んで考えるようにさせることが大切である。テーマ読書を進めていくうえで気をつけなければならないことは，ともすると，一面的な見方に偏ってしまわないように指導していくことである。特定のテーマについて，考えの違った資料や別の視点からの資料をも読ませるようにさせたい。また，考えようとしているテーマが違っている他の児童生徒と話し合わせることによっても，多面的な見方が可能になる。

2. 読書感想文の指導

(1) 思考力を培う読書の指導

改めてここで，なぜ「思考力」を取り上げるのかについて述べる。

それは，まず重要な学力であるということからである。中央教育審議会は平成15年10月７日に「初等中等教育における当面の教育課程及び指導の充実・改善方策について」という答申をした。その中「1　新学習指導要領や学力についての基本的な考え方等」において，平成元年版学習指導要領以後のキーワードとなった「生きる力」について，「豊かな人間性」「健康・体力」「確かな学力」の総合として示した。そのうちで「知」の側面からとらえた「確かな学力」を「知識・技能」「学び方」「課題発見能力」「思考力」「判断力」「表現力」「問題解決能力」「学ぶ意欲」の総合として示した。

次に，思考力と読書活動の関連について述べる。読書そのものは思考を伴う行為である。言葉の意味を理解し，内容を理解しながら読書を進めていくこと自体が思考しながらの行為である。しかし，ここで思考力というのは，そこにとどまるのではなく，書いてある内容に対して自分がどのように考えるのかというところまでを含むのである。

思考力と読書は，以前から結びつけられて「考える読書」の活動が実践されてきた。

以下で取り上げる「読書感想文」は，「考える読書」として感想文を書くものである。学校現場においては「読書感想文コンクール」への批判もあるが，多くの児童生徒が取り組んでいることに意を払いたい。

各学校種の国語科教科書においても，読書感想文の書き方についての記述がある。

⑵ 読書感想を深める指導

選書から書き方まで指導して読書感想文を書かせることは作文指導の一つであり，また読書指導でも「考える読書」の一つとして重要である。これまでの反省から今後は，夏休みの課題とするのではなく，授業の中で書き上げるようにすることが求められている。「考える読書」として読書感想文を書くことは小学校，中学校，高等学校の各校種で定着している。特に高等学校では読書推進の重要施策としている学校も多い。

読書感想文の指導で重要なのは，「何を書くのか」について，学年相応の観点を示して，書き方の指導をしなくてはならないということである。この指導が十分でないと，読書感想文を書かせることへの批判を受けることになる。それは，「読書感想文を書かせることは読書嫌いをつくることになる」というものである。実際にはこのようなことはないのであり，読書感想文が書きたくないという場合が出てくるということが想定されるだけである。しかし，その批判のもとにあるのは，教師が十分な指導をせずに課題として出してしまうことにあるので，十分に留意しなくてはならない。

読書感想文コンクール全国入選となった感想文の中には，読書からの感想だけではなく，「考える読書」として，どのようにして自身の感想を深めていったのかについても書いてある場合があるので，そのうちのいくつかの例を次に記しておく。

まず，読書ノートである。これは，読んだ作品の感想を簡単に記しておくものである。学年が上がったときに同じ作品を読み返して，その時の感想を記しておくなどの場合もあり，感想が深まっていたり，別の視点で読んでいたりというような場合がある。また，別な作品であっても同じようなテーマの場合には，比較をしてみることができる。思考の深まりが期待できる中学校，高等学校において有効であり，私学の中高一貫校において読書記録として書かせている例が少なくない。

次には，学級において同じ作品を読んでの話し合いである。特に，自分と違う考えを聴くことによって，考えが変わる場合もあるし，自分の感想を深めていく場合もある。ある話題について学級の中で同じ考えしか出てこなかった場合は，教師が反対の考えを述べることによって，考えを深めていくきっかけになることもある。

さらに，現場において指導にあたる教員，あるいは校内の審査にあたる教員は，これまでに回数多く全国読書感想文コンクールの入選となっている作品については，どこまで感想が深められているのかを把握して指導をし，校内審査できるようにしていきたい。校内コンクールにおいては，自校にて勧めている作品を課題図書として感想文を書かせる場合には，特にこのことが必要である。

3. 特別支援学校の読書資料及び読書活動

(1) 視覚障害の特別支援学校の読書資料及び読書活動

特別支援学校の読書資料について記すには，障害全般そして，児童福祉について，その全般を記してからのほうがよいが，それは別に学んでもらうとして，支援種別ごとに，児童生徒の読書活動のために，どのような読書資料あるいはメディアがあり，どのような読書活動が実践されているのかについて記していく。

視覚障害について，履修者の中には，小学校の国語教科書にて「手と心で読む」という教材で点字について学習したという人もいる。鉄道の切符購入の時には，点字による案内のあることも多くの方が見ている。駅以外でも多くのところで見かける点字については，目の不自由な人だれもが読めるということではない，ということに留意が必要である。

活字による図書を点字に変換した点字図書がある。点字を打つのは時間がかかるし，出来上がった図書はかさばる。現在は点字ワープロがあり，パソコン入力などで電子化された文書は音声変換し，聴くこともできるようになった。音声変換は視覚障害者にとって画期的なことと受け止められている。

次には絵本である。手で読む触る絵本，透明なシートに点字をつけて絵本に取り付けた点訳絵本，本の挿絵などを大・中・小の点の連続で絵を描いている点図付き絵本などがある。具体作品として，文字の上に点訳があり，絵には点図が入った絵本として『しろくまちゃんのほっとけーき』や『こぐまちゃんのどうぶつえん』などがある。

そして拡大読書器がある。これは弱視の児童生徒が読みたい作品を拡大して読むことができるもので，文字を拡大した資料もある。

さらに，対面朗読もあり，マルチメディアDAISYもある。マルチメディアDAISYについては，つぎに少し詳しく説明する。

(2) 聴覚障害特別支援学校の読書資料及び読書活動

聴覚障害者の場合は，手話を使うということがある。履修している方でも，手話を使っているという人を見かけたということがある，選挙の時に手話通訳付きの放送を見たことがある，手話を使う人が主人公のドラマを見たことがある，ということがあるかもしれない。なんといっても，内親王の佳子様が手話を使っているのをテレビのニュースにて見たことがある，という人が多いということが想像される。

日本における手話は2種類ある。一つは日本手話で，昔から日本で聴こえが不自由な人が使っていた自然言語である。もう一つは日本語対応手話で，日本語を手の動きに置き換えた人工言語である。中途失聴の人はこちらを身につけ，また，テレビニュースの手話通訳もこちらを使う。

ただし，聴こえが不自由な人だれでもが手話に堪能ということではない，ということに注意が必要である。

聴覚障害特別支援学校の読書活動としては，まず手話による読み聞かせがある。手話はとくに臨場感や話者の非言語的な表現，即興性や双方向性が重要な要素であり，専門の人による場合は，聴こえが不自由な児童生徒の言語獲得が進み，世界が飛躍的に広がるということがある。

つぎには絵本を手話にしたビデオや DVD がある。さらに，マルチメディア DAISY がある。これはコンピュータなどを使い，デジタル録音された音声の再生に加え，文章と画像を同時にみることができるというもので，手話による同時再生もできる。DAISY とは，Digital Accessible Information System の略で，当初は音声だけの DAISY 図書が制作されていたものが，マルチメディア DAISY に進展した。ただし，価格の問題もあり，どの特別支援学校にも設置されているというほどにはなっていない。

(3)　肢体不自由，知的障害などの特別支援学校の読書資料及び読書活動

特別支援学校にはここまでのほか肢体不自由，知的障害，病弱や身体虚弱の児童生徒が対象になる学校がある。障害の種類，部門，状態も異なり，また重複している例も多くみられる。

肢体不自由の児童生徒の場合は車イスを使うので，学校図書館のつくりとして書架の間隔を広くとり，また児童生徒が直接資料を手にとることができるように，低い書架を設置する必要がある。

肢体不自由の児童生徒では重度の知的障害や難病，身体虚弱などを重複している例もあり，その場合の読書資料及び読書活動は，絵本から文学までを対象として DVD やビデオテープなどの映像メディア，CD やカセットテープなどの音声メディアのほかにも紙芝居，大型絵本，人形

なども有用である。また，やさしく読める本であるLLブックなどが有用な資料である。さらに，先に記したマルチメディアDAISYも使われ，読み聞かせもおこなわれている。

知的障害のある児童生徒の読書資料として，的確に対象の状態を理解し，生活経験が共有できる，やさしく読める本としてLLブックがある。作品として『山頂にむかって』や『わたしのかぞく』などがある。

病弱や身体虚弱の児童生徒の読書活動及び特別支援学校における学校図書館づくり，読書活動についての具体実践を放送教材のラジオにおいて紹介するので，必ず聴くようにします。

⑷　特別支援学級

特別支援学校の次には，小学校，中学校の中にある特別支援学級について記す。支援学級における支援種別は，支援学校の種別のほかに言語障害，自閉症や情緒障害の児童生徒が含まれる。文部科学省調査にて平成29年５月現在，約23万５千人が在籍している。

特別支援学校の在籍者数約14万２千人より，支援学級の在籍者数の方が多い。小学校，中学校への特別支援学級の設置が多くなっているので，支援種別に合わせ，特別支援学校における読書資料及び読書活動にて記した内容を参考にして，資料を揃え，読書活動を進めていきたい。その際は，支援学級の担任ともよく話し合っていくことが重要である。

参考文献

雑誌『児童心理』2011年４月「特集　自分の考えをもてる子」金子書房
『学校図書館』2017年10月「特集Ⅰ　新しい学習指導要領を読む〈特別支援学校〉」

7　発達段階に対応した読書

米谷茂則

《目標＆ポイント》 小学校，中学校，高等学校の児童生徒は，戦後において，どのような作品を中心にして読書してきたのかを提示し，校種ごとにその作品の傾向を解説する。

《キーワード》 1．自由読書で読み継いできた作品　2．考える読書で読み継いできた作品　3．ノンフィクション作品の読書　4．児童生徒の読書の課題　5．自然科学分野の読書のすすめ　6．日本人女性の被伝者

●児童生徒が読書してきた作品の把握

児童生徒の読書の実態を作品レベルで把握した統計を提示する。

第一には，「自由読書」として，全国学校図書館協議会と毎日新聞社が共同で毎年6月に全国の小学校（上学年），中学校，高等学校から抽出した，各校種とも3千数百人から4千人前後の児童生徒に対して5月に読書した本についてアンケート調査し公表した結果を集計した。

第二は，全国読書感想文コンクール入選感想文の読書対象作品を集計した結果である。これは，名作・創作童話・少年少女小説・民話・小説などのフィクションの類と，それ以外のノンフィクションの類に分けた。この読書感想文コンクール入選の読書対象作品は，コンクールのタイトル通りに「考える読書」の作品としてとらえていく。

上記それぞれの作品群を把握することで，1955年以後の児童生徒の読書についての全体像が作品レベルで相当程度にはっきりしてくる。

まず1955年から1999年までの45年間に読書した作品上位10点前後について，具体作品名とともにどのような分野であったのかを提示する。次には，2000年から2009年の10年間で読書が多かった作品を提示し，さらには，2010年からの傾向についても提示する。これらの提示は，学校図書館蔵書構成の参考としても意味がある。

1．小学生が読書してきた作品

⑴ 小学校下学年（1，2，3年生）

《「考える読書」で全国入選の読書対象回数が多かった作品》

①フィクション〈1955年〜1999年の集計にて上位となった作品〉

まず，土家由岐雄・文／武部本一郎・絵の絵本『かわいそうなぞう』は戦争を題材とし，山口勇子・原作／四国五郎・絵の絵本『おこりじぞう』は原爆を扱っている。次には，身障者あるいは動物を題材とした作品群があり，田畑精一・他作の絵本『さっちゃんのまほうのて』，小沢昭巳 作『とべないホタル』のほか，小野木学・作の絵本『かたあしだちょうのエルフ』も類似の作品と見做すことができる。浜田広介・作『泣いた赤おに』は戦後読み継がれてきた，日本の古典童話と見做してよい作品である。アンデルセン原作の『みにくいあひるの子』と『はだかの王さま』は，日本においても定着した世界の名作童話である。斉藤隆介・作の絵本『花さき山』と『モチモチの木』は，滝平二郎の切り絵とともに人気があり，児童はその絵もよく読んでいた。以上のような作品の読書での感想文入選が多かった。

〈2000年〜2009年までの10年間で入選回数が多かった読書対象作品〉

1　『さっちゃんのまほうのて』（前出）
2　Ｓ・バーレイ／作・絵『わすれられないおくりもの』

3　『花さき山』（前出）
4　L.バスカーリア・作／島田光雄・画『葉っぱのフレディ　―いのちの旅―』
5　及川和男・作／長野ヒデ子・絵『いのちは見えるよ』
6　『とべないホタル』（前出）
7　松田素子・作／石倉欣二・絵『おばあちゃんがいるといいのにな』
8　真珠まりこ／作・絵『もったいないばあさん』
9　いもとようこ・文／絵　宗正美子・原案『しゅくだい』
10　福田岩緒・作『おにいちゃんだから』など

②ノンフィクション〈1955年～1999年の集計にて上位となった作品〉

同じテーマの作品を集計すると，読書の傾向がよく分かる。まず，ファーブル・原作『ファーブル昆虫記』や岸田功・著『カブトムシ』などの「昆虫」，佐藤有恒・写真／中山周平・文『アサガオ　たねからたねまで』など「植物」の内容，『ヘレン・ケラー』，『野口英世』，『エジソン』，『ナイチンゲール』，『良寛』などの伝記を児童がよく読書した。また，堀内誠一・作の絵本『ちのはなし』，かこさとし・著の絵本『むしばミュータンスのぼうけん』，毛利子来・著／帆足次郎・絵の絵本『ひとのからだ』など「身体・性・健康」に関するテーマの絵本をよく読書した。これらは「これまでにわからなかったことを知りたい」という読書である。その知識化の対象は身近な昆虫や植物であり，また，自分の身体，性や健康についてである。

〈2000年～2009年までの10年間で入選回数が多かった読書対象作品〉

1　『ファーブル昆虫記』（前出）
2　柳生弦一郎・作『かさぶたくん』
3　栗原毅・文／長新太・絵『やぶかのはなし』
4　皆越ようせい／写真・文『ミミズのふしぎ』

5　柳生弦一郎・作『おへそのひみつ』

6　山口進／写真・文『トマトのひみつ』

7　得田之久・文／たかはしきよし・絵『ぼく，だんごむし』

8　山田真・柳生弦一郎／作『おねしょの名人』

9　日野原重明・文／村上康成・絵『いのちのおはなし』

9　今森光彦／文・写真『ダンゴムシ』など

以前から筆者が主張していた「自然の中の生命としての人間」というテーマに近い作品が『いのちのおはなし』である。

《2010年からの傾向》2017年までの「考える読書」の新しい作品として，フィクションでは，やまだともこ『まほうのじどうはんばいき』が，ノンフィクションでは，内田美智子・文／諸江和美・絵『いのちをいただく』による入選が目立っている。

⑵　小学校上学年（４，５，６年）

《「自由読書」で読書回数が多かった作品》

〈1955年～1999年の集計にて上位となった作品〉

伝記で『野口英世』の他には，『エジソン』，『ヘレン・ケラー』と上位11番目以下でも外国の被伝者の読書が多かった。伝記以外では，『日本の歴史』はマンガ版をも含めた読書であり，『日本の昔話』，『江戸川乱歩』以外は，バーネット・原作『小公女』，オルコット・作『若草物語』と外国作品での読書が多かった。『江戸川乱歩』とモーリス・ルブラン／原作『怪盗ルパン』，コナン＝ドイル・原作『シャーロック・ホームズ』はシリーズ作品として読書が多かった作品である。

〈2000年～2009年までの10年間で読書数が多かった作品〉

1　Ｊ・Ｋ・ローリング／作『ハリー・ポッター』（シリーズ）

2　『日本の歴史』（複数の巻からなる／前出）

3　原ゆたか／作・絵『かいけつゾロリ』（シリーズ）
4　エミリー・ロッダ／作『デルトラクエスト』（シリーズ）
5　『学校の怪談』（複数の巻からなる）
6　『シャーロック・ホームズ』（前出）
7　羅貫中・原作『三国志』（複数の巻からなる）
8　『ヘレン・ケラー』（前出）
9　青木和雄・作『ハッピーバースデー　命かがやく瞬間』
10　『エジソン』（伝記）

『ヘレン・ケラー』だけではなく，『エジソン』の伝記は女子の読書も多く注目である。日本人女性の被伝者の発掘は，特に出版する側と指導する側にとっても，大きな課題である。

《「考える読書」で全国入選の読書対象回数が多かった作品》

①フィクション〈1955年～1999年の集計にて上位となった作品〉

宮沢賢治・著『よだかの星』，芥川龍之介・著『くもの糸』および『杜子春』，竹山道雄・著『ビルマの竪琴』，山本有三・著『路傍の石』は児童が戦後に「考える読書」として長く読書してきた日本の作品である。これらの作品の読書では，少し難しい作品に挑戦して人間の生き方の問題，社会に存在するさまざまな問題をとらえ，作中の人物の生き方について考えようとしている上学年児童の姿がある。外国作品として，ストー夫人・原作『アンクルトム物語』，ビクトル・ユーゴー／原作『ああ無情』，M・エンデ／作『モモ』の読書が多かった。戦争関連として高木敏子・著『ガラスのうさぎ』での読書が多かった。

〈2000年～2009年までの10年間で入選回数が多かった読書対象作品〉

1　『ハッピーバースデー　命かがやく瞬間』（前出）
2　『葉っぱのフレディ　―いのちの旅―』（前出）
3　湯本香樹実・作『夏の庭　The Friends』

4　『モモ』（前出）
5　梨木香歩・著『西の魔女が死んだ』
6　『よだかの星』（前出）
7　斉藤栄美・作／武田美穂・絵『教室―6年1組がこわれた日』
7　岡田淳・作『びりっかすの神さま』
9　綾野まさる・作／松本恭子・画『いのちのあさがお』
9　『くもの糸』（前出）など

②ノンフィクション〈1955年～1999年の集計にて上位となった作品〉

『ヘレン・ケラー』，シュナーベル・原作『悲劇の少女アンネ』，『マザー・テレサ』，『ナイチンゲール』など外国人の伝記，また，『野口英世』と『宮沢賢治』の日本人の伝記読書が多かった。伝記以外では星野富弘・著『かぎりなくやさしい花々』，乙武洋匡・著『五体不満足』は現存の身障者の作品である。ある程度の長さの人生を生き，その業績から偉人として評価を受けた被伝者の伝記とは違っている。このような作品の読書による入選が増えたのは特に1980年代以後の特徴である。富山和子・著『川は生きている』は，環境問題を考える作品である。『ファーブル昆虫記』（前出）は下学年だけではなく，上学年でも入選の読書対象回数が多かった作品である。

〈2000年～2009年までの10年間で入選回数が多かった読書対象作品〉

1　『五体不満足』（前出）
2　日野原重明・著『十歳のきみへ―九十五歳のわたしから』
3　『マザー・テレサ』（伝記）
4　今西乃子・著『ぼくの学校は駅の10番ホーム』
5　『ファーブル昆虫記』（前出）
6　『イチロー』（伝記）
6　『かぎりなくやさしい花々』（前出）

8　『悲劇の少女アンネ』(他の伝記も含む　前出)
9　『ヘレン・ケラー』(前出)
10　『川は生きている』(前出)

《2010年からの傾向》2018年までの自由読書においては，新しい作品の単行本として，宗田理・作『ぼくらの七日間戦争』での読書が多い。2017年までの考える読書のフィクションでは，いとうみく『かあちゃん取扱説明書』による人選が目立ち，ノンフィクションでは今西乃子・著，浜田一男・写真『犬たちをおくる日』による入選が目立っている。

2. 中学生が読書してきた作品

《「自由読書」で全国入選の読書対象回数が多かった作品》

〈1955年～1999年の集計にて上位となった作品〉

『怪盗ルパン』(前出)，『シャーロック＝ホームズ』(前出)，モンゴメリー・原作『赤毛のアン』，『若草物語』(前出)，『ああ無情』(前出)など外国作品の読書が多かった。日本の作品では夏目漱石・著『坊っちゃん』と『吾輩は猫である』，下村湖人・著『次郎物語』などの戦中以前の作品の読書が多かった。『坊っちゃん』，『次郎物語』，『吾輩は猫である』は，戦後になっても評価が揺るがなかった作品である。『江戸川乱歩』と『日本の歴史』は小学生，中学生とも読書が多かった作品である。

〈2000年～2009年までの10年間で読書数が多かった作品〉

1　『ハリー・ポッター』(前出)
2　あさのあつこ・作『バッテリー』(シリーズ)
3　『三国志』(前出)
4　ダレン・シャン／作『ダレン・シャン』(シリーズ)
5　『デルトラクエスト』(前出)

6　美嘉・著『恋空〜切ナイ恋物語』
7　片山恭一・著『世界の中心で，愛をさけぶ』
8　メイ・著『赤い糸』
9　『シャーロック・ホームズ』（前出）
10　『ハッピーバースデー　命かがやく瞬間』（前出）

上位ではファンタジー，恋愛や悲恋もの，探偵もの，歴史ものなどでの入選が目立った。

《「考える読書」で全国入選の読書対象回数が多かった作品》

①フィクション〈1955年〜1999年の集計にて上位となった作品〉

ヘルマン・ヘッセ／作『車輪の下』が，コンクール入選の読書対象として抜群の数であった。他では特に中学生向けの作品というものでもない芥川龍之介・著『羅生門』，太宰治・著『人間失格』，森鷗外・著『高瀬舟』，島崎藤村・著『破戒』，パール・バック／著『大地』など少し難しい作品に挑戦し，「いかに生きなければならないか」ということについて考えている中学生の姿がある。戦争関連として『ビルマの竪琴』（前出），成長物語として『次郎物語』（前出），外国作品としてヘミングウェイ・著『老人と海』での入選が多かった。

〈2000年〜2009年までの10年間で入選回数が多かった読書対象作品〉

1　『夏の庭　The Friends』（前出）
2　『羅生門』（前出）
3　『西の魔女が死んだ』（前出）
4　『人間失格』（前出）
5　灰谷健次郎・著『太陽の子』
6　『モモ』（前出）
7　芥川龍之介・著『鼻』
8　『蜘蛛の糸』（前出）

9　リチャード・バック／著『かもめのジョナサン』など

『夏の庭』では三人組と交流を持ったおじいさんが，『西の魔女が死んだ』では主人公の祖母が亡くなるが，２作とも希望の持てる作品となっている。

②ノンフィクション〈1955年～1999年の集計にて上位となった作品〉

『アンネの日記』の入選が圧倒的であった。小学校上学年では『悲劇の少女アンネ』が入選の読書対象回数で３番目となっており，主に小学校上学年女子児童と中学校女子生徒はアンネ・フランクの伝記と日記を通して短かかった人生と戦争について考えた。伝記として『マザー・テレサ』，『シュバイツァー』，『ゴッホ』，『キュリー夫人』での入選が多かった。星野富広・著『愛深き淵より』と『かぎりなくやさしい花々』および『五体不満足』（前出）は，障害のある現存作者のものであり，三作品ともに生きることへの強い希望となっている。戦争関連として，日本戦没学生記念会・編『きけわだつみのこえ』での入選が多かった。『ファーブル昆虫記』（前出）は，中学生でも入選が多かった。他には吉野源三郎・著『君たちはどう生きるか』での入選が多かった。

〈2000年～2009年までの10年間で入選回数が多かった読書対象作品〉

1　大平光代・著『だから，あなたも生きぬいて』
2　井上美由紀・著『生きてます，15歳。500gで生まれた全盲の女の子』
3　アンネ・フランク／著『アンネの日記』
4　デイブ・ペルザー／著『"It"（それ）と呼ばれた子』
5　『五体不満足』（前出）
6　佐藤律子・編『種まく子供たち―小児ガンを体験した七人の物語』
7　池田晶子・著『14歳からの哲学―考えるための教科書』
8　黒柳徹子・著『トットちゃんとトットちゃんたち』
9　辺見庸・著『もの食う人びと』

10　向野幾世・著『お母さん，ぼくが生まれてごめんなさい』など

《2010年からの傾向》2018年までの自由読書においては，有川浩・作『図書館戦争』，坪田信貴・著『学年ビリのギャルが1年で偏差値を40上げて慶應大学に現役合格した話』での読書が目立っている。考える読書においてはノンフィクションで，マララ・ユスフザイを対象とした作品での読書が目立っている。

今後の伝記読書について提言したい。特に自然科学者についての伝記読書を国語科や司書教諭だけでなく理科や数学教師も生徒に勧めていきたい。また21世紀の日本は，科学技術創造立国を目指しているということを考えれば，出版において，例えば日本人のノーベル賞受賞者を中学生や高校生向けに興味深く書いた伝記が待たれる。さらに日本人女性の被伝者がほとんどいないことから，例えば緒方貞子氏のように国際舞台でも活躍した目標となるような女性の伝記が求められている。

3. 高校生が読書してきた作品

《「自由読書」で全国入選の読書対象回数が多かった作品》

〈1960年～1999年の集計にて上位となった作品〉

夏目漱石・著『こころ』と『坊っちゃん』（前出），武者小路実篤・著『友情』，五木寛之・著『青春の門』，『赤毛のアン』（前出），『車輪の下』（前出），モーパッサン・著『女の一生』，川端康成・著『伊豆の踊子』，M・ミッチェル／著『風と共に去りぬ』，『シャーロック＝ホームズ』（前出）と名作中心の読書であった。ただし，1980年代にはヤングアダルト作品として氷室冴子・著『なんて素敵にジャパネスク』の読書が多く，さらにはこの年代の藤川桂介・著『宇宙皇子』，1990年代の水野良・著『ロードス島戦記』のように『○○戦記』などといった戦闘的内容のバ

イオレンス，サスペンス，SF 小説などの読書が目についた。生徒にとっては面白くて読みたい作品ということである。

〈2000年～2009年までの10年間で読書数が多かった作品〉

1　『ハリー・ポッター』（前出）
2　『世界の中心で，愛をさけぶ』（前出）
3　Yoshi・著『Deep Love』
4　『恋空～切ナイ恋物語』（前出）
5　『バッテリー』（前出）
6　『"It"（それ）と呼ばれた子』（前出）
6　『だから，あなたも生きぬいて』（前出）
8　ダン・ブラウン／著『ダ・ヴィンチ・コード』
9　時雨沢恵一・著『キノの旅』（シリーズ）
10　『三国志』（前出）

ファンタジーの他，恋愛や病気，暴力，性，薬物取り混ぜたケータイ小説，壮絶な生き方などの読書が多かった。

《「考える読書」で全国入選の読書対象回数が多かった作品》

①フィクション〈1955年～1999年の集計にて上位となった作品〉

『人間失格』（前出），『こころ』（前出），カミュ・著『異邦人』の三作品が他の作品と比較して，より多く入選の読書対象となった。中学校で圧倒的であったドイツ文学『車輪の下』（前出）がこの三作に続いている。これら四作においては主人公が廃人となり，また死に至っており，感想文においては「いかに生きなくてはならないか」ということについて真剣に考えている高校生の姿がある。倉田百三・著『出家とその弟子』と遠藤周作・著『沈黙』は，宗教家を取り上げていて，このような読書にも高校生としての特徴がある。戦争関連として大岡昇平・著『野火』，部落差別問題を取り上げた『破戒』（前出），映画化作品などで人気の衰えない堀辰雄・著『風立ちぬ』，外国作品としてA・ジイド／著『狭き門』，F・カフカ／著『変身』が，入選の読書対象回数が多かった。

〈2000年～2009年までの10年間で入選回数が多かった読書対象作品〉

1　『人間失格』（前出）
2　遠藤周作・著『海と毒薬』
3　『夏の庭』（前出）
4　『こころ』（前出）
5　『変身』（前出）
6　『異邦人』（前出）
7　安部公房・著『砂の女』
7　『沈黙』（前出）
9　『車輪の下』（前出）
9　三浦綾子・著『塩狩峠』など

20世紀後半までに既出となっている作品が多いという結果となった。

②ノンフィクション〈1955年～1999年の集計にて上位となった作品〉

1950年代から読み継がれていた『アンネの日記』（前出）が最多の入選読書対象回数となり，中学生，高校生ともに最多となった。他にも『きけわだつみのこえ』（前出），大江健三郎・著『ヒロシマノート』，フランクル・作『夜と霧』，森村誠一・著『悪魔の飽食』も戦争を題材としている。さらにベトナム戦争関連として中村梧郎・著『母は枯葉剤を浴びた』での入選が多かった。このようなところに高校生のノンフィクションでの考える読書の特徴がある。70年代，80年代，90年代ともっとも多く入選対象となった作品は高野悦子・著『二十歳の原点』である。他では女工哀史を描いた山本茂実・著『ああ野麦峠』，星野富広・著『愛深き淵より』（前出）の読書による入選が多かった。

〈2000年～2009年までの10年間で入選回数が多かった読書対象作品〉

1　『だから，あなたも生きぬいて』（前出）
1　『もの食う人びと』（前出）
3　柳田邦男・著『犠牲　わが息子・脳死の11日』
3　『夜と霧』（前出）
5　鎌田實・著『がんばらない』
6　高史明・著『生きることの意味』
6　『きけわだつみのこえ』（前出）
6　レイチェル・カーソン／著『センス・オブ・ワンダー』
6　坂口安吾・著『堕落論』
6　木藤亜也・著『１リットルの涙』など

《2010年からの傾向》フィクションの上位10点の中には入っていないのであるが，21世紀となってから多くの中学生，高校生に支持されている作家の一人が重松清であり，数多くの作品が入選対象となっている。詳しくは放送教材（ラジオ）にて取り上げる。

2018年までの自由読書としては，湊かなえ・作『告白』，住野よる・作『君の膵臓を食べたい』等の読書が多い。2017年までの考える読書のフィクションでは，三浦しをん『舟を編む』や夏川草介『神様のカルテ』での入選が目立っている。

今後の読書の課題は，自然科学分野の読書も進めていきたいということである。

参考文献

全国学校図書館協議会『学校図書館』毎年の11月号

8　集団読書と個人読書

米谷茂則

《目標＆ポイント》 特に学級の読書会において思考を高めていくことによって，各個人が読書により興味を増し，目的を持って読書に励んでいく態度を培うようにしたい。個人読書として絵本読書，マンガ読書についても解説する。

《キーワード》 1．読書会　2．話し合いの柱　3．『泣いた赤おに』の読書　4．絵本読書　5．日本文化としてのマンガ　6．マンガ読書

1．集団読書

(1)　意義と目的

読書は，もともと個人的な活動である。ところが，その反面で，個人的であることが，生活経験の狭さから自分勝手な読みを生み出す原因ともなる。そこで，生活経験を広げるとともに，より深い読書活動をするために集団による読書活動が必要になる。

集団を構成する者が読書後にお互いに読み取ったことについて話し合うことによって内容理解が深くなり，問題点の把握の仕方が鋭くなっていく。また，ものの感じ方，見方や考え方をより広め，自分独自の読みが分かってくるようにもなる。そのような意義がある。

(2)　時間の確保

小学校，中学校，高等学校それぞれの校種，そして学校ごとの教育課

程の中で集団読書の時間の確保を工夫していく必要がある。特に，高等学校において朝の読書をさらに推進していき，そこから読書会へと発展させたい。以下は時間確保の例である。

ⅰ　全校または学年で毎朝，あるいは一定曜日の始業前の時間を充てる。朝に実施できない場合は，午後の授業開始前の10分を読書タイムに充てる学校もある。

ⅱ　道徳の時間や学級活動，ホームルームの時間に読書会を実施する。

ⅲ　学校行事として，読書週間中の朝の読書の時間帯に読書会の時間を設定する。

(3)　形態と方法

①集団読書の中でも特に読書会について，その形態と方法

ⅰ　読書発表会

参加者がお互いに読書した本について紹介したり，それぞれの読後感を発表したりする方法である。この方法は参加者各自の読書への興味を呼び起こしたり，読書領域を広げたりすることができる。

読書する本は自由で，発表会では読書クイズ，ストーリーテリング（お話），人形劇，パネルシアター，紙芝居，朗読，調べた内容の発表などの方法を取る。これらを適切な順番でプログラムを組んでいく。中学校では毎月あるいは学期ごとに，読了したうちで他の人に勧めたい本を紹介し合うとよい。

ⅱ　討論的読書会

とくに，学級全員が同じ作品を読み，「話し合いの柱」を設定して話し合う「学級読書会」を推進したい。ひとりでは思いつかない多様な考え方に触れることができる。

iii　輪読的読書会

課題として決めた本を輪番で音読し，その内容についての感想や読書によって触発された意見を出し合って，お互いを高めていく方法である。この方法は，狭い読後感しか持てない場合や読書することに慣れていない場合に，読書活動に入っていきやすい。指導者がいることで，考えを深めたり高めたりしやすくなる。主として中学生，高校生に適している。

iv　研究的読書会

特定の本を読み合って，当番の者が本の内容を要約して，問題になりそうな点を指摘し，参加者がそれを中心として討論していく方法である。当番の者の取り上げ方によって，討論の深まり方が問われるので，適切な指導が必要になってくる。高校生に適している。大きなテーマについて何種類もの本を読み深め，共通の問題としていくこともできる。生涯読書にもつながる方法として，今後盛んにしていきたい。

②読書会の対象となる作品

i　小学校

読書習慣を身につけさせるための基本となる読書であることを念頭において選択する。読書の動機づけの役割を果たし，読書範囲を広げるためにも役立ちそうな本を選ぶ。児童の要望も聞きながら，学校として，学年段階に即した本を何冊かずつ選定しておくとよい。

ii　中学校，高等学校

読書意欲を高め読書範囲を広げることを目標にして，作品を選ぶ。討論的読書会では，テーマによって生徒に本を選択させる。輪読的読書会では，一回の読書会で読み切ることができる作品がよいが，慣れてきたら長編を何回か継続していってもよい。

第７章では，戦後に児童生徒が読書してきた作品を小学校下学年・上学年，中学生，高校生に分けて提示したので，それらの作品を参考にしたり，児童生徒の間で話題になっている作品でもよい。

各校種とも自校の児童生徒の実態に応じて，読書しておきたい作品を「○○学校　卒業までに読んでおきたい○冊の本」，「○○学校推薦図書」などとして設定している例が小学校，中学校，高等学校とも増えてきている。そのように設定した作品でおこなっていくとよい。

③　読書会の実施

学級で同じ作品を読んで話し合う「読書会」は，学校という集団の場でしかできないものであり，今後とも各校種で実施していきたい。集団の中での思考を通して相互の考えが影響し合って，自分の考えを広め，深めていくことができる。

実施の場合は中学校，高等学校では，必ずしも担任が読書指導の心得がある教員ばかりではないので，司書教諭が「読書会」の実施方法についてアドバイスをしていくとよい。学年ごとにどのような作品が適切であるのか，司会の生徒への支援や話し合い中での助言の仕方などである。

読書会は，多くの児童生徒が読書した作品にて学級ごとに実施する。あるいは学年をいくつかの作品ごとにグループに分けて実施してもよい。第８章では小学校下学年，第11章では小学校上学年と中学校，第12章では高等学校での読書会の実際について解説している。

なお，読書会のテキストは全国学校図書館協議会から「集団読書テキスト」が小学校向きと，中学校・高校向けに分かれて刊行されている。購入予算の関係もあるので，ハードカバーの場合は，作品を学級における班の数程度購入して回し読みさせるとよい。中学校や高等学校では，文庫本となっている作品では１学級の生徒数分用意するとよい。

2. 読書会の実際

⑴ 長く続けてきた学校の成果に学ぶ

特に読書会については，中学校，高等学校において長年に亘って続けてきたという学校がある。そこでは，学級単位，あるいは学年で読書する作品によってグループをつくって実施するなどの工夫が見られる。また中学校，高等学校であっても保護者が参加する親子読書会をおこなっている学校もある。

現代では，個性を主張する児童や生徒を集団読書に組織するのは，難しいものがある。そうした中でも長く続いてきた学校の成果に学んでいきたい。学級を単位として同じ作品で読書会を実施する場合の細かい留意点を挙げておくと，次の通りである。

⑵ 読書会の留意点

作品の感想を述べ合ってそこから話し合う柱を決めて討論し合う読書会では，感想を述べるのに時間がかかり，柱を決めてから討論する時間を十分に確保できないということもあった。

そこで，個人読書を前提にして，まず，感想を先に書かせ，その内容をまとめたものをもとにして，読書会での司会グループや場合によっては教師も加わり，深く話し合いたい柱を事前に決めておく。そして，その柱についての自分の考えを各自が書いておく。

「話し合いの柱」は，話し合いを充実させるために１，２点にしておく。さらに，「話し合いの柱」についての自分の考えを書かせてから読書会を始めるとよい。

(3)　小学校下学年での具体例――『泣いた赤おに』の読書会

以下，小学校下学年について，読書感想文コンクール全国入選感想文の分析にもとづいて，話し合いの柱を例示しておきたい。作品は，日本の古典童話といってよい，浜田広介の『泣いた赤おに』である。

第一に児童の感想として，感動するのは，次のような場面である。まず，青鬼に対してである。「人間たちの仲間になって仲良く暮らしていきたい」という赤鬼のために，青鬼がふもとの村で暴れる場面で，その青鬼が赤鬼にぶたれる。特に，ここの場面に感動する。

次には，赤鬼に対してのものである。人間たちと仲良く幸せになった赤鬼を見てすごくうれしいと感じるのである。さらに，青鬼のことを心配して赤鬼が会いに行ったところ，青鬼は張り紙を残して長い長い旅に出た後だったことがわかり，その張り紙の内容に感動する。そして赤鬼が泣いた意味を考えていくのである。

第二に，以上のような読書から，どのような話し合いの柱を設定したらよいのかを考える。一つには，人間たちの仲間になって仲良く暮らすためには，青鬼が暴れて赤鬼がそれをこらしめるという方法はよい方法なのか，それとも別な方法があるのだろうかという柱である。

これについては，物語の筋の通りに「よい方法」であるという考えと，赤鬼を思ってくれている青鬼をこらしめるのはよい方法ではないという考えに分かれるであろう。もっと別の方法もあるという提案が出てくるかもしれない。

二つには，青鬼の張り紙を読んで泣いた赤鬼は，その後どのようにするであろうかという柱である。「青鬼に帰ってきてもらいたい」，「青鬼を探しに行ってほしい」という考えや，青鬼の手紙の通りに今まで通り人間と仲よく暮らしていくのがよい，という考えなどが出てくることが予想できる。『泣いた赤おに』の読書会は，児童がいろいろに想像する楽しいものになる。

3. 個人読書

(1) 個人で楽しむ読書の大切さ

児童生徒それぞれの興味や関心にもとづく読書は楽しい。読書興味や読書能力の発達段階は個人差がある。それらは生活経験と関連してくるのであるが，ときには興味や生活経験そのものを拡げるための読書，例えば，ノンフィクション読書があってよい。また，能力を超えるかもしれない難しい本への挑戦があってもよい。その時には部分的にしか理解し得なかったというところがあっても，後になって分かるという場合もある。あるいは，多くの人が読書している新刊書を自分でも読んでみたい，友達に勧められた本を読んで話がはずんだというようなこともある。いろいろな読書の仕方が有り得る。

以下では，文字中心の読書に対して異論が考えられる絵本，マンガの読書について解説していく。

(2) 絵本読書

絵本の絵を読む読書活動については，第6章で解説した。改めて「絵本」というと，どのようなイメージを持つであろうか。幼稚園などでの読み聞かせや，読むとしても小学校下学年程度というところではないだろうか。ところが，かつては若い女性に絵本ブームがあったのである。現在では小学校だけではなく，絵本を配架する中学校や高等学校図書館が増えてきている。

絵本の読み聞かせは幼稚園，保育所，小学校などで盛んにおこなわれている。絵本の読み聞かせをした後は，園児や児童が必ずその絵本を手にする。そのようなことが読書奨励ともあいまって，読み聞かせが積極的におこなわれる理由の一つとなっている。ただし，小学校ではもう一方で読み聞かせをする大人の側が，積極的になっているという面もある。それも相手がひとりやふたりというのではなく，人数が多いことを喜ぶ傾向もある。しかし，絵本の読み聞かせの原点は，例えば親子による１対１の無償の愛情にもとづくものである。絵本は基本として絵と文で構成されていて，絵が重要なはたらきをしている。絵がはっきり見える方がよいのであり，１対多数の絵本の読み聞かせには限界がある。

また，読み聞かせの後に感想を求めないで終わるというやり方についても，考え直していきたい。小学校下学年では，「このようなところが楽しかった」と話してみたいという児童もいる。それが自然な流れであれば，話をさせて他の児童とも交流させればよいのである。必ずしも余韻に浸りたいと思う児童ばかりではないのである。複数の作品を用意して，作品ごとに少人数にて集まり読み聞かせ会をおこない，終わった後に楽しく話し合うという場合があってもよい。目的をはっきりさせて，いろいろな方法の読み聞かせをおこなうとよい。

絵を読む読書で絵本の比較については，第６章の「考える読書」で紹介した。近年は絵本を配架する中学校，高等学校が増えているので，中学生，高校生に勧めたい作品を記す。『銀河鉄道の夜』や『水仙月の四日』など複数の画家によって絵本化されている宮沢賢治の作品である。ささめやゆきが絵本化した『ガドルフの百合』も勧めたい。ジャン・ジオノ原作でフレデリック・バック絵の『木を植えた男』，米倉斉加年・作『多毛留』や『おとなになれなかった弟たちに…』など，あるいは，画家では葉祥明，伊勢英子，Ｃ・Ｖ・オールズバーグなどの作品も勧めたい。絵を読む絵本読書を推進していきたい。

(3) マンガ読書

①マンガ読書の考え方

今までマンガを読んだことがないという人でも，『鉄腕アトム』や『巨人の星』あるいは『ベルサイユのばら』というような，20世紀後半の大ヒット作のタイトルは聞いたことがあるに違いない。

まず，マンガ読書について，普通の読書と同じように位置づけたときに，どの程度，その人の記憶に残るものなのかということについて，岩波書店がかつて発行していた『よむ』という雑誌（現在では廃刊になっている）から考えていく。この雑誌は1992年５月号で「20世紀日本の読書遍歴」という特集をした。日本で単行本の著書のある1901年以後生まれの432人に，「幼年期（10代前半まで）」，「青春時代」，「中年・壮年期」，「成年後期」というライフステージごとに「忘れ得ぬ一冊」を挙げてもらったというものである。これは，20世紀日本の読書資料として，たいへん貴重なものである。

この432人の中で，幼年期の「忘れ得ぬ一冊」ではマンガを挙げた方が18人，雑誌「少年マガジン」を含めると19人になる。割合では4.4％ということで，少ないということになるが，単行本著書のある方が，10代前半までの「忘れ得ぬ一冊」にマンガを挙げたということの意味は，大きいものがある。

何人か紹介すると，鶴見俊輔さんが『団子串助漫遊記』を挙げている。井出孫六さんが『のらくろ』を，また，紀田順一郎さんも「のらくろ漫画」を挙げている。人気作家の赤川次郎さんは『鉄腕アトム』を挙げている。そして，「アトムに限らず，手塚漫画は正義とか友情の尊さを教えてくれた。その真似をすることで，物語を作る楽しみも憶えた。」とコメントを書いている。

次に社会との関係では，スポーツの隆盛とマンガとの相関関係を指摘できる例が少なくない。かつて1970年代の『アタック No. 1』（浦野千賀子・画／山下喬子・文）とバレーボール，そして1980年代の『キャプテン翼』（高橋陽一）とサッカーなどは，少年少女に大きな影響を与えた。スポーツだけではなく，それまで音楽を扱ったマンガはほとんどなかった時期に，『のだめカンタービレ』（二ノ宮知子）はクラシック音楽ファンを増やした。

このようなマンガを，学校図書館がどのように扱ってきたのかについてみていく。マンガを学校図書館に導入することの是非については話題にもなり，特に1980年代には大きな議論になった。学校図書館担当者だけでなく一般教員の中にもマンガに対して拒否反応を示す人もいたのだが，1994年8月に，全国学校図書館協議会の雑誌『学校図書館』が「マンガの収集と利用」を特集して，小学校，中学校，高等学校におけるマンガの所蔵や資料として授業で活用している報告を載せた。現在では，マンガは学校図書館資料であることは認知されている。ただし，一部の学校では児童生徒の要望があっても配架していないところもある。

大学においてはマンガ学部や学科を，大学院で表象芸術としてマンガやアニメ専攻を設置している例が少なくない数になってきた。2001年7月には，日本マンガ学会が発足した。大学図書館として，早稲田大学図書館が，研究目的用にマンガを収集，保存している。

戦後において，日本のマンガを育て上げた最大の功労者である手塚治虫は，マンガが読書の敵であるかのような批判，次々に現れる新しいマンガ家や新しい表現形態に対して数多くの作品を発表してきた。その業績を記念して，1997年に朝日新聞社が主催して「手塚治虫文化賞」を設けた。また，同じ年には文化庁がメディア芸術祭マンガ部門を設定した。

マンガを日本文化の一つとして理解していきたい。既に外国からはそのように認められている。日本のマンガは東南アジア各国で人気があるだけでなく，ヨーロッパ，例えばドイツの書店に並び，フランスでは研究対象になっている。また，来日する外国の人々が日本語を学ぶツールにもなっている。

ところで，以上のような理解の上でも，さらなる問題がある。それは，マンガを，マンガ読書を認めたとしても，それは「読書になじめない児童生徒や，読書嫌いな児童生徒に対して，読書に親しませるきっかけとする」というように考える向きが，まだあるということである。このように考えて，学校図書館や学級文庫にマンガを配架するというのは考え違いである。学級や学校における何十人，何百人という児童生徒の中には，結果的にマンガが文字中心の読書へのきっかけになるという場合もあるかもしれない。しかし，高校や大学を卒業して職を持ってもマンガを読み続けているのが現代である。創作だけではなく古典，名作，近代文学から趣味や諸学問，職業の入門書と，マンガはその対象をあらゆるジャンルに拡げている。文字中心の読書に繋がるだろうという考えではなく，マンガはマンガ読書として独立して考えていきたい。前節で取り上げた絵本にしてもマンガにしても，文字中心の読書に対して表現形態の違いがあるに過ぎないのである。先に記した絵本は絵本読書として，マンガはマンガ読書として考えていきたい。

②学校図書館における選定

全国学校図書館協議会は，マンガについての選定基準を1986年に設定している。その項目内容を数点紹介する。

i　人間の尊厳性が守られているか。

ii　悪や不正が讃えられるような内容になっていないか。

iii　戦争や暴力が賛美されるような内容になっていないか。

iv　弱者や障害者が差別的に扱われていないか。

など14項目が定められていて，実際の選書にあたっての参考になる。

実際にどのようなマンガが配架されているのかについて，例示する。

〈小学校〉

学習マンガを配架している学校は数多くある。例えば，『学習マンガ　日本の歴史』はいくつかの出版社から発行されていて，その中には歴史学者が監修している場合もある。同じようにノーベル，アインシュタイン，ニュートン，ライト兄弟などの『学習マンガ　世界の伝記』，卑弥呼，平賀源内，空海などの『学習マンガ　日本の伝記』も人気である。

〈中学校・高等学校〉

『学習マンガ　世界の歴史』などのほか，『文芸まんがシリーズ』（『山月記・李陵』『高野聖』など），手塚治虫作品（『火の鳥』『アドルフに告ぐ』『ブッダ』など），『源氏物語』を題材とした『あさきゆめみし』（大和和紀），難聴者を描いた山本おさむ・作『遥かなる甲子園』や『どんぐりの家』および『どんぐりの家〜それから〜』，NHK テレビ放送のコミック版『プロジェクトX』などである。

現代の人気マンガの特徴の一つには，部活動を取り上げた作品がある。例えば，河合克敏『とめはねっ！　鈴里高校書道部』の書道，末次由紀『ちはやふる』のカルタ，こざき亜衣『あさひなぐ』のなぎなたなどである。また，農業高校を舞台とした作品として荒川弘『銀の匙 Silver Spoon』も人気である。いずれも高校生の真面目な姿が描かれている。

ここまでに記したマンガ作品以外をも含めて，作品が電子版になっている例があり，雑誌や単行本より電子版にて読む児童生徒も多くなっている。なお，マンガの学習への活用については，放送教材のラジオにて取り上げる。

参考文献

根本正義『国語教育とマンガ文化』ゆいぽおと，2010年9月

9　読書資料の多様化と活用

岩崎れい

《目標＆ポイント》 読書をする上で，多様なジャンルの本を読むことは重要であり，また高度情報社会におけるさまざまなメディアの利用について知っておくことも欠かせない。また，従来の本の形をしていないツールを使う方が読書をしやすい子どもたちがいることを司書教諭は理解しておく必要があり，活字以外の資料と適切に付き合っていく力をつけるための教育について学ぶ。

《キーワード》 1．読書観　2．読者論　3．PISA 型読解　4．公平利用の原則　5．マラケシュ条約

1．読書観の変遷

(1)　子どもの読書活動に対する考え方の変化

21世紀になった現在，子どもにとって読書が重要であるという考え方は一般的であり，そのための読書指導や読書支援が必要であることに対する社会的なコンセンサスは成立していると考えられる。しかし，歴史を振り返ってみると，子どもが自由に読書をすることが必ずしもよいことと考えられてきたわけではない。

日本で子どもに対する図書館サービスを大人へのサービスと区別して一番初めに実施したのは，1887年に小学部を設置した大日本教育会書籍館であると考えられている。ここでは，「小学生図書閲覧規則」を設け，小学生にも貸出をしていたが，有料であり，利用するには学校長の許可

が必要で，さらに閲覧できる図書も学校長が許可した資料に限られていた。20世紀に入ると，大正自由教育の流れの中で，1910年代には，自由な読書を推奨する読書教育や図書館教育を実施する私立学校が登場したり，東京市立図書館20館が児童サービスを開始したりした。特に，東京市立日比谷図書館は，1915年に今沢慈海が図書館長に就任したことで急速な発展を遂げ，児童室も盛況をきわめた。今沢慈海は米国の児童サービスなどを参考に，先進的な考えで子どもたちへのサービスを実施し，影響も大きかったが，当時の社会では図書館内外での批判も見られた。日比谷図書館の開館に携わった渡辺又次郎は，その批判を次の４点に整理した[注1)]。

①児童に御伽噺類を読ますと，真面目の書物を読むことを嫌うようになる。

②児童に探険小説を読ますと，空想に耽ったり，失敗に陥るようになる。

③児童に書物を自由に読ますと，濫読の習慣を養成するようになる。

④多数の児童を室内に収容して読書させると，身体の発展を害するおそれがある。

当時の読書観が現在と大きく違うことを示す事例であり，このような考えは20世紀の半ばを過ぎるまで，社会に長く根付いていた。同時に，この批判を生じさせた日比谷図書館の成功は世論の形成につながり，結果として文部省の図書館行政にも影響を与えた。

1930年代に入ると戦争の影響で，自由な読書は難しくなっていく。1945年に終戦を迎えると，米国の図書館サービスの影響を受けただけではなく，国内の図書館内外から子どもたちに読書の場を提供しようとする活動が生まれ，学校図書館法も1953年に施行される。その後は，子どもが自由に読書をすることは，価値のあることと考えられるようになっていった。

⑵　国語科教育と読書

過去30～40年間の国語科教育に関する議論を概観すると，大きく分けて２つの時代があるといえる。1980年代後半から1990年代前半にかけての「読者論」に基づく「読み」の指導が注目された時代と，2000年以降の，PISA の結果をもとにした議論の多い時代である。

「読者論」に基づく「読み」の指導が注目されたのが1980年代であることは，国語科教育における「読者論」を扱った図書や論文が1980年代に集中していることからもうかがえる。また，その多くが教材研究であることは，国語科教育において「読者論」に基づいて実践がかなり行われたということであり，「読む」ことに対する教育の工夫が見て取れる。但し，1960年代にはすでに外山滋比古によって「読者論」が紹介されている[注2)]。ここで外山は，「修辞的残像」ということばを使って，「読む」という行為を説明している。つまり，もともと一つ一つ断絶した単位のつながりから成っている言葉は，その隣接の単位との間につねに言語空間が認められるにもかかわらず，「読む」作業の中で人間はその言葉を連続したひとつの流れの中でとらえる。この働きを助けるのが「修辞的残像」，またその逆の動きを示す「遡像作用」であり，論理的な思考だけではなくイメージする力が加わって初めて可能になる。そして，原型のテクストの残曳とそれに加えられたヴァリエーションを知的快感とするには，読者の側にある程度の洗練が必要であるとしているのである。その後，1980年代を中心に，国語科教育の中で論じられた「読者論」の多くは，読書研究の流れの中で，ドイツのヤウスやイーザーによって提唱された受容理論をもとにしたものである。1980年代から1990年代にかけては，「読者論」に基づく国語科における「読み」の教育が注目された時期といえるだろう。

国語科教育の指導方法では，この「読者論」をもとにして，ただひとつの「正しい」解釈にたどりつくという従来の読解指導から，主体的な読み，すなわち個々の人生における体験が基礎となる読みを文学教育の中で導き出そうとする「読み」の指導への変革を図る国語科教育が注目された。この考えは，当時の国語科教育界にひとつの新風を吹き込んだものの，じゅうぶんな成果を挙げられなかったとも考えられている。その理由として，主体的な読みを探りながらも最後には「主題を読みとる」ことを求めてしまう日本の文学教育にその原因があるとしていること[注3)]や，国語科教育界において「読者論」には賛否両論があるが，「読者論」は作品論・作家論と並んで受け入れるべき文学理論であり，教材研究論や授業研究論と統合する必要があること[注4)]などが示唆されている。

2000年以降になるとPISAが開始されたこともあって，その結果に基づく読解力に関する議論が盛んになった。2000年のPISAについては，読書そのものの意義を重視する点が注目されているが，2003年以降のPISAの結果からは，情報を活用する力や思考力と深く結びつく形での「読解能力」の育成が注目されている。2003年には，2000年に比べ，読解リテラシーの成績が低下したことによる「PISAショック」が起き，特に，国語科以外の教科において，批判的思考力や科学リテラシーなどの概念とともに，「読解能力」ということばが従来の国語科教育における読解にとどまらず，統計などを含めた情報を読み取る力として使われはじめた。2005年には，PISAの調査結果をもとに，文部科学省が，「読解力向上プログラム」を発表し，以下のように説明している[注5)]。

☆　　　　　☆

平成15年（2003年）７月にOECD（経済協力開発機構）が実施し

たPISA調査（生徒の学習到達度調査）の結果が，昨年12月に公表された。それによれば，わが国の子どもたちの学力は，「数学的リテラシー」，「科学的リテラシー」，「問題解決能力」の得点については，いずれも一位の国とは統計上の差がなかったが，その一方で，「読解力」の得点については，OECD平均程度まで低下している状況にあるなど，大きな課題が示された。

PISA調査は，読解の知識や技能を実生活の様々な面で直面する課題においてどの程度活用できるかを評価することを目的としており，これは現行学習指導要領がねらいとしている「生きる力」「確かな学力」と同じ方向性にある。また，学習指導要領国語では，言語の教育としての立場を重視し，特に文学的な文章の詳細な読解に偏りがちであった指導の在り方を改め，自分の考えを持ち論理的に意見を述べる能力，目的や場面などに応じて適切に表現する能力，目的に応じて的確に読み取る能力や読書に親しむ態度を育てることが重視されており，これらはPISA型「読解力」と相通ずるものがある。(中略)

特に，PISA型「読解力」については，ワーキンググループにおいてさらに詳細な分析を進めるとともに，大学の研究者，現場の教員等の協力も得ながら，PISA型「読解力」を高めていくための具体的な施策や指導の在り方についての課題分析，文章の解釈や論述の力を高める指導や読書活動の推進方策等の検討を行ってきた。今回，これらの検討結果を踏まえ，ここに「読解力向上プログラム」として取りまとめたところである。(後略)

☆　☆

この考え方に基づき，文部科学省では，以下の３つの重点目標と５つの重点戦略を提示している。

各学校で求められる改善の具体的な方向　―３つの重点目標―
【目標①】テキストを理解・評価しながら読む力を高める取組の充実
【目標②】テキストに基づいて自分の考えを書く力を高める取組の充実
【目標③】様々な文章や資料を読む機会や，自分の意見を述べたり書いたりする機会の充実

目標③では，読むことについては，朝の読書の推進を含め，読書活動を推進することが求められているとし，幅広い範疇の読み物に親しめるようにすることの重要性にも触れている。また，家庭や地域に対して，読書や読み聞かせをしたり，自分の思いや考えを話したり，書いたりする取り組みの大切さなどについて周知していくことも学校の取り組みの一部として求めている。

文部科学省や教育委員会の取組　―５つの重点戦略―
【戦略１】学習指導要領の見直し
【戦略２】授業の改善・教員研修の充実
【戦略３】学力調査の活用・改善等
【戦略４】読書活動の支援充実
【戦略５】読解力向上委員会（仮称）

戦略４では，読書指導や読書活動の場としての学校図書館の充実が挙げられており，資料の充実と司書教諭の配置についての必要性が明記されている。

このように見てくると，21世紀に入ってから，子どもたちが読書をすることの重要性は十分に認知されているといえるだろう。

2. 多様化する読書資料

国語科教育における読解力の考え方も変化してきたが，子どもたちの読む読書資料にも変化が見られる。出版物の中身にも時代による変化が見られるが，もっとも大きな変化は，媒体の形である。電子書籍の出版が増えてきただけではなく，スマートフォンやタブレットなど，電子書籍専用のデバイスでなくても，読むことができる出版物が増えてきているのも特徴である。

第64回学校読書調査によると，電子書籍は中学生・高校生に経験者が多い。但し，電子書籍の方へ読書媒体が移行しているわけではなく，読書の一部として，電子書籍が登場してきているということができる。出版物全体を見ると，コンテンツの数では，紙媒体の本の方が圧倒的に多く，児童書に関しては特にその傾向は強い。そのため，2019年現在においては，一概に比較することはできないものの，ひとつの傾向としては押さえておく必要があるだろう。

また，もう一つの出版傾向として，点字図書だけではなく，マルチメディアDAISYやLLブックなどの，読むことに困難を抱える人にとって読みやすい形態になっている図書も増えている。DAISYは，活字による読書が困難な人々のための国際的なデジタル録音資料制作システムである。初めは1997年のIFLA大会で採用された視覚障害者のための録音図書制作システムであったが，近年は音声だけでなく，画像やテキストデータとともにインターネットでも提供できるマルチメディア対応型記録媒体となり，マルチメディアDAISYと呼ばれる。2009（平成21）年の「著作権法」改正により，公共図書館においても著作権者に無許諾でDAISY資料を制作できるようになった[注6)]。そのため，視覚障害だけではなく，ディスレクシアなど他の理由で読むことが困難な人にも活

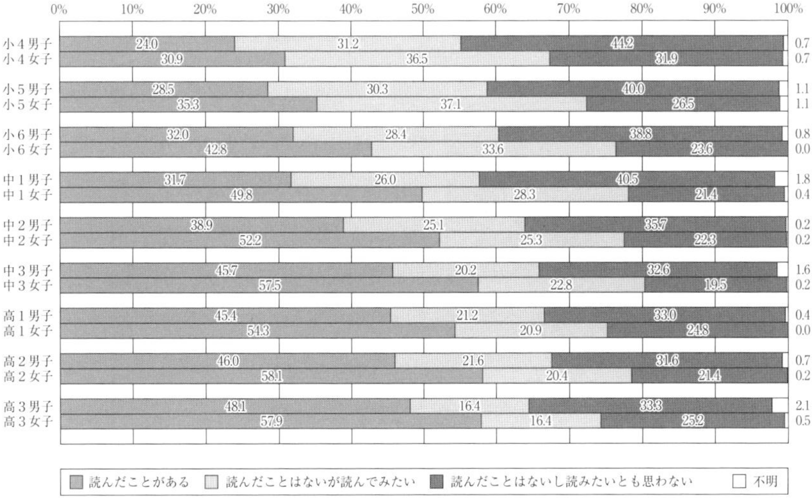

図9-1　スマホやタブレットなどを使って読書をしたことがあるか（学年別・男女別）

（出典：『学校図書館』No.817，2018.11．p.43）

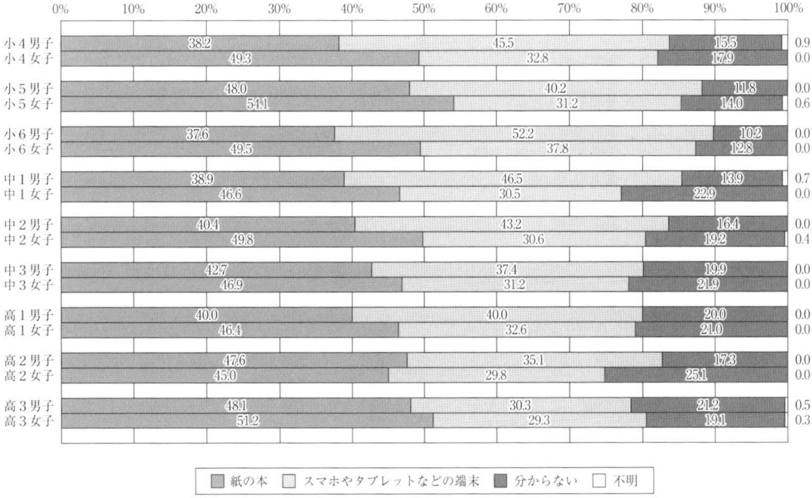

図9-2　紙の本とスマホやタブレット，どちらが読みやすいか

（出典：『学校図書館』No.817，2018.11．p.44）

図 9－3　マルチメディア DAISY の画面の例
（出典：日本図書館協会.「マルチメディア DAISY（デイジー）」や「やさしく読める本」を知っていますか）
https://www.jla.or.jp/portals/0/html/lsh/redheel.html

図 9－4　LL ブックの例（写真提供＝樹村房）
（出典：藤澤和子／川﨑千加／多賀谷津也子＝企画・編集・制作 LL ブック『はつ恋』2017年初版　樹村房）

用できるものとなった。

LL ブックはスウェーデンを中心に開発されてきた。LL とはスウェーデン語の Lättläst の略で，「やさしく読みやすい」という意味で，文字だけではなく，絵や写真やピクトグラムなどを多く使用することによって，知的障害や学習障害があって，読むことに困難を抱える人たちの読書権を保障することができる。

3. マルチメディア時代の課題と展望

従来の紙媒体の書籍に加え，さまざまな形態の本が発行されるようになったことで，課題も出てきたし，また，そのメリットも認知されるようになってきた。

課題としては，主に次の2点を挙げることができるだろう。

1点目は，電子媒体の資料といっても，出版物としての電子書籍と，ウェブ小説やケータイ小説に多く見られるように個人で公開している作品が混じっていることである。出版社や編集者の目を通さない出版物は，質の担保ができていない可能性や倫理面での問題が発生する可能性を持っており，電子媒体による出版物とはいっても，すべてを同義に扱うことはできない。

2点目は，紙媒体の書籍と違い，読むためにはデバイスが必要となることである。個人で電子書籍を購入して読むのとは違い，図書館で電子書籍を購入する場合には，読むためのデバイスを一緒に貸し出すのかどうかがポイントとなる。一般的には，数を揃えられないこともあり，デバイスは個人でというケースが多く，特に学校図書館の利用者は子どもであることから，その点に注意が必要である。家庭の経済的な状況によって，図書館の持っている資料が読めたり読めなかったりすることは，図書館の公平利用の原則に反するため，どの媒体の資料を提供するにしても，すべての子どもが読めることを前提とすることが重要である。

紙媒体以外の資料が提供されることのメリットは，その形では読むことが困難な人たちにも読書の機会が提供されるようになったことである。これには技術的な発展も大きく寄与していると同時に，著作権法改正やマラケシュ条約の批准も大切な要素となっている。

著作権法は2009年に改正され，その際，(1) 視覚障害者向け録音図書の作成が可能となる施設が拡大され，公共図書館でも作成が可能となったこと，(2) 聴覚障害者のための映画や放送番組への字幕や手話の付与が可能となったこと，(3) 今まで対象外だったが，発達障害等で利用困難な者に応じた方式での複製も可能になったこと，などが，ハンディキャップを持つ人への読書機会の拡大という面では注目された。2018年の改正では，その趣旨として，(1) デジタル化・ネットワーク化の進展に対応した柔軟な権利制限規定の整備，(2) 教育の情報化に対応した権利制限規定等の整備，(3) 障害者の情報アクセス機会の充実に係る権利制限規定の整備，(4) アーカイブの利活用促進に関する権利制限規定の整備等の４点が挙げられており，(3) について，文化庁では以下のように説明をしている[注7]。

☆　　　　　☆

障害者の情報へのアクセス機会の向上のため，視覚障害者等のために書籍の音訳等を権利者の許諾なく行うことを認める権利制限規定（第37条第３項）において，音訳等を提供できる障害者の範囲について，現行法で対象として明示されている視覚障害や発達障害等のために視覚による表現の認識に障害がある者に加え，新たに，手足を失ってしまった方々など，いわゆる肢体不自由等の方々が対象となるよう規定を明確にしました。さらに，権利制限の対象とする行為について，現行法で対象となっているコピー（複製），譲渡やインターネット送信（自動公衆送信）に加えて，新たにメール送信等を対象とすることとしています。これにより，例えば肢体不自由で書籍等を保持できない方のために音訳図書を作成・提供することや，様々な障害により書籍等を読むことが困難な者のために作成した音訳データをメール送信すること等を権利者の許諾なく行えることとなるものと考えられます。

また，同項の規定により，視覚障害者等のために書籍の音訳等を権利者の許諾なく行える団体等について，適切な体制を有するボランテ

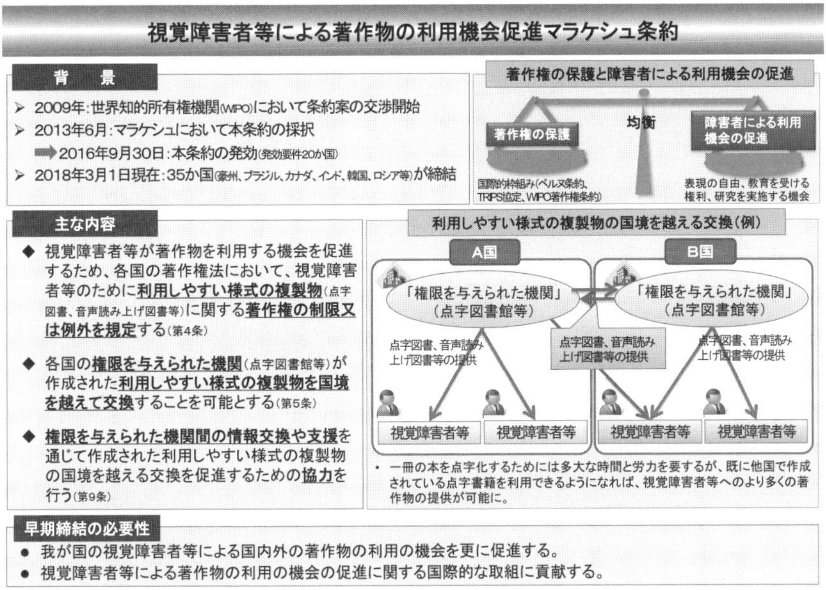

図9－5　視覚障害者等による著作物の利用機会促進マラケシュ条約
（出典：外務省「視覚障害者等による著作物の利用機会促進マラケシュ条約」）
https://www.mofa.go.jp/mofaj/files/000343359.pdf

ィア団体等を広く対象に含めるため，改正前から対象とされている障害者施設や図書館等の公共施設の設置者や文化庁長官が個別に指定する者に加え，新たに文化庁長官の指定を受けずとも一定の要件を満たす者を対象とすることとしています。

☆　☆

また，日本は2018年10月にマラケシュ条約（Marrakesh treaty to facilitate access to published works for persons who are blind, visually impaired, or otherwise print disabled）を批准したことによって，視覚障害者，読字障害者，肢体不自由者（身体障害により，書物を支えること，または扱うことができない人）を対象とする出版物（点字図書やDAISY 図書等）を締結国間で円滑に輸出入できるようになった。

これにより，さまざまな理由で読書機会が制限されていた人たちに対する多様な媒体による資料の提供が可能になった。対象が，発達障害や学習障害を持つ人や肢体不自由の人たちに広げられたことによって，子どもにとっても，読書機会の公平性において，大きな変革があったと言える。特別支援学校や特別支援学級だけではなく，通常学級にも，さまざまなハンディキャップを持つ子どもたちが一定の割合で在籍していることを考えると，学校図書館においても，多様な媒体による資料の収集が求められることになるだろうし，すべての子どもたちに読書の機会を提供するという学校図書館の理念から言っても，是非とも充実させていきたいところである。

《注》

1）『私立圖書館と其事業』第42号　1927
2）外山滋比古『近代読者論』みすず書房，1961．p.318-355
3）浜本純逸「読者論的読みの授業．教育科学国語教育臨時増刊号」358，1986．p.62-71
4）井上一郎『読者としての子どもと読みの形成』明治図書，1993．p.1-7
5）文部科学省「読解力向上プログラム」2005
http://www.mext.go.jp/a_menu/shotou/gakuryoku/siryo/05122201/014/005.htm
6）『図書館情報学用語辞典 第４版』DAISY の項目
7）文化庁「著作権法の一部を改正する法律（平成30年法律第30号）について」
http://www.bunka.go.jp/seisaku/chosakuken/hokaisei/h30_hokaisei/

参考文献

秋田喜代美「小中学生の読書行動に家庭環境が及ぼす影響」『発達心理学研究』３(2)，1992．p.90-99
イーザー，W.『行為としての読書：美的作用の理論』轡田収訳．岩波書店，1998
ヤウス，H. R.『挑発としての文学史』轡田収訳．岩波書店，2001

10 読書資料の選択

岩崎れい

《目標＆ポイント》 学校図書館は学校教育の一環を担う施設であり，司書教諭はその点を重視しながら選書をしていくことが求められる。子どもたちの読書・学習の資料であることを中心に，学校のカリキュラム，図書館における蔵書のバランス，出版傾向なども踏まえて，選書・収集していくことが重要である。

《キーワード》 1．出版統計　2．電子書籍　3．コレクション構築

1．出版の現状

(1) 児童書の出版の現状

日本における出版界の総売上高は，2017年には１兆4,406億8,168万円で，そのうち，書籍は7,625億9,698万円である。前年度より減少しており，その傾向はしばらく続いている。新刊部門別点数で見ると，新刊点数75,412点のうち，児童書に分類される新刊書籍は5,058点（全体の6.7%）である[注1]。総務省統計局のデータによると，2005年から5,000点前後で推移している[注2]。電子書籍については，すでに９章で触れたように，児童書に関しては出版数があまり多くなく，またデバイスが必要であるため，学校においてはどのように資料提供の公平性が保てるかを考慮する必要がある。高校生になれば，一般書を読む割合も高くなり，また，デバイス保有率も高くなるので，発達段階に応じて対応を変える必要もあるだろう。

現在，国際的に統一した児童書の出版統計はとられていないので，比較の難しいところであるが，いくつかのデータ[注3)]から見ると，日本は児童書の出版が豊かな国であると言える。日本語で出版された本だけではなく，さまざまな国の翻訳も出版されており，この出版文化はぜひとも大切にしていきたいものである。

(2) 児童書出版の重要性

日本では，明治期の巌谷小波らによる「日本お伽噺」「世界お伽噺」の編纂や，若松賤子らによる英米児童文学の翻訳，大正期の『赤い鳥』を中心とする童話の出版，昭和前期の不況を背景に刊行された廉価普及版である『日本児童文庫』（アルス）全76巻や，『小学生全集』（興文社・文藝春秋社）全88巻などの総合的な児童文化叢書の出版や幼年童話の登場など，近代に入ってから多くの児童文学が出版された。絵本やファンタジー，科学読み物などの隆盛は第二次世界大戦後を待たなければならなかったものの，かなり豊かな内容の出版物が存在したといえるだろう。

その背景には，大正デモクラシーなどの社会的な動きや子どもの教育を尊重する考え方があったこともあるが，出版物に使われる言語という点だけに限って言えば，日本国内に住む人々の多くが日本語を母語としていたことも影響している。それは，２章でも触れたリテラシーの問題とも関係している。識字率の高い国の方が出版物は豊かになる傾向があると同時に，識字率の測定方法には国際的な基準がないものの，言語上のマイノリティがリテラシーの獲得において不利な環境に置かれていることは否めない[注4)]。もちろん，この言語に関することがらは比較の問題であって，日本にも，少数民族や在日外国人などの言語上のマイノリティが存在し，学校教育や社会生活において課題となっており，図書館も取り組まなければならない重要事項のひとつである。

例えば，南アフリカ共和国のオーバーバーグ特別教育区では，給食と制服が無償になったことで小中学校の就学率が上がり，また，ボランティアの協力もあって，移動図書館が巡回している。しかし，南アフリカ共和国の児童書出版点数は少なく，また，英語・アフリカーンス語・各民族の言語と，多言語の地域でもあるため，出版されている資料の量が絶対的に不足している。

また，学校教育制度の充実も識字率の向上とは密接な関係にあり，さらに，学校図書館は資料とその提供サービスを通じて学校教育を支える役割を果たすことが根本的な役割であることを考えると，学校教育を受けておらず，読み書きのできない子どもたちの存在や出版物の少なさは，学校図書館のありかたに大きく影響すると考えられる。例えば，ベトナムのハノイ近郊のある少数民族の村では，民間団体の支援によって新しく学校が建設されたばかりで，子どもたちは湖をボートで渡ったり，険しい山の斜面を親にバイクで送ってもらったりして小学校に通う。学校図書館も図書室も学級文庫もなく，その有無について尋ねると，やっと学校ができたところだから，まだそこまでは考えられないということであった。

これらの問題は20世紀にはすでに認識されており，「児童の権利に関する条約」(Human Rights of the Children) にも，以下の通り記されている[注5)]。

……………………………………………………………

第17条

締約国は，大衆媒体（マス・メディア）の果たす重要な機能を認め，児童が国の内外の多様な情報源からの情報及び資料，特に児童の社会面，精神面及び道徳面の福祉並びに心身の健康の促進を目的とした情報及び

資料を利用することができることを確保する。このため，締約国は，

(a)　児童にとって社会面及び文化面において有益であり，かつ，第29条の精神に沿う情報及び資料を大衆媒体（マス・メディア）が普及させるよう奨励する。

(b)　国の内外の多様な情報源（文化的にも多様な情報源を含む。）からの情報及び資料の作成，交換及び普及における国際協力を奨励する。

(c)　児童用書籍の作成及び普及を奨励する。

(d)　少数集団に属し又は原住民である児童の言語上の必要性について大衆媒体（マス・メディア）が特に考慮するよう奨励する。

(e)　第13条及び次条の規定に留意して，児童の福祉に有害な情報及び資料から児童を保護するための適当な指針を発展させることを奨励する。

現代日本においては，せっかくある豊富な出版物をどのように子どもたちに届けるか，ということを考えていく必要があり，学校図書館はそのための重要な機関のひとつとなりえるだろう。

2. 読書資料の選択と収集

(1) 学校図書館における選書

学校図書館における選書は，学校図書館専門職である司書教諭の重要な業務の一つである。学校図書館は，読書支援，学習・情報支援，そして教員の教材準備支援のためのサービスをする必要があり，その際，図書館にとって不可欠なのが情報資源である。図書館の情報資源には，図書，雑誌，新聞などの紙媒体の資源の他，DVDやCDなどのAV資料，

CD-ROM などのパッケージ系出版物や契約データベースなどオンライン資料を含む電子出版物があり，さらにインターネット上に流通する情報に自由にアクセスできる環境も必要である。さらには，実物資料を教材として，あるいは児童生徒が読むための補助道具として所蔵する図書館もあり，それらの図書館情報資源をトータルで考えながら，コレクション構築をしていく必要がある。文部科学省の学校図書館ガイドラインには，「学校図書館の図書館資料には，図書資料のほか，雑誌，新聞，視聴覚資料（CD，DVD 等），電子資料（CD-ROM，ネットワーク情報資源（ネットワークを介して得られる情報コンテンツ等），ファイル資料，パンフレット，自校独自の資料，模型等の図書以外の資料が含まれる。」[注6)] と記されている。

その際，必要になってくるのが購入のための予算であるが，実際には学校図書館の予算は少なめである学校が多い。図書や新聞の購入費については，国からの特別予算もつき，以前よりは改善されているものの，まだ十分とは言えず，学校教育に必要な資料を学校図書館が提供するためには，学校図書館専門職が学校の管理職や教員と連携して，無駄のない購入計画を立て，実践することが重要である。

国からの特別予算のうち，資料の整備のための予算としては，2017年開始の学校図書館図書整備等 5 か年計画[注7)] に盛り込まれた「学校図書館図書の整備」と「学校図書館への新聞配備」のための地方財政措置を挙げることができるだろう。これは，第 5 次計画であり，すでに20年以上，学校図書館の図書整備のための政策がとられてきている。「学校図書館図書の整備」では，学校図書館図書標準の達成を主な目標に，単年度約220億円（総額約1,100億円）が措置され，内訳は増加冊数分が総額約325億円，更新冊数分が同約775億円である。特に，変化の激しい社会科学分野・自然科学分野は従来30年をめどに更新することが求められていたのに対し，10年に縮められたことが特徴である。「学校図書館への新聞配備」については，単年度約30億円（総額約150億円）が措置され，小学校は１紙だが，中学校は２紙に増え，高校に４紙の配備を目安として想定している。その背景には，選挙年齢が18歳に引き下げられたことに伴う主権者教育の影響がある。

(2)　選書とコレクション構築

学校図書館資料を選択する際には，個々の資料の価値を判断しながら選ぶことも必要だが，同時にコレクション全体のバランスや充実度を勘案することも欠かせない。

1）分野やジャンルのバランス

学校図書館，特に小学校図書館が現状として抱える問題点として，９類の文学の割合が多くを占める図書館が珍しくないということがある。2016年の文部科学省の調査によれば，学校図書館蔵書の割合をNDC分類で調べたところ，９類の冊数は，小学校で40.7%，中学校で39.8%，高等学校で35.7%であった[注8]。しかし，学校教育に資するという学校図書館の目的から言えば，０～８類の充実も欠かせないし，また，読書資料も文学に限定されるわけではない。

これについては，すでに改善に着手している自治体も多く，参考として，全国学校図書館協議会が蔵書の配分比率を示している。

2）発達段階に合わせた読書材の選定

発達段階に合わせた読書材の選定も重要である。発達段階と読書能力・読書興味の関係については２～３章で解説したとおりである。

特に小学校は発達段階の幅が広いので，どの段階でも読みたい本，読める本があるようにすることが重要である。小学校によっては，低学年向けの書架と高学年向けの書架を分けている学校図書館もあり，低学年

表10－1　学校図書館図書標準

ア　小学校

学級数	蔵書冊数
1	2,400
2	3,000
3～6	3,000＋520×（学級数－2）
7～12	5,080＋480×（学級数－6）
13～18	7,960＋400×（学級数－12）
19～30	10,360＋200×（学級数－18）
31～	12,760＋120×（学級数－30）

イ　中学校

学級数	蔵書冊数
1～2	4,800
3～6	4,800＋640×（学級数－2）
7～12	7,360＋560×（学級数－6）
13～18	10,720＋480×（学級数－12）
19～30	13,600＋320×（学級数－18）
31～	17,440＋160×（学級数－30）

ウ　特別支援学校（小学部）

学級数	蔵書冊数	
	専ら視覚障害者に対する教育を行う特別支援学校	視覚障害者に対する教育を行わない特別支援学校
1	2,400	2,400
2	2,600	2,520
3～6	2,600＋173×（学級数－2）	2,520＋104×（学級数－2）
7～12	3,292＋160×（学級数－6）	2,936＋96×（学級数－6）
13～18	4,252＋133×（学級数－12）	3,512＋80×（学級数－12）
19～30	5,050＋67×（学級数－18）	3,992＋40×（学級数－18）
31～	5,854＋40×（学級数－30）	4,472＋24×（学級数－30）

エ　特別支援学校（中学部）

学級数	蔵書冊数	
	専ら視覚障害者に対する教育を行う特別支援学校	視覚障害者に対する教育を行わない特別支援学校
1～2	4,800	4,800
3～6	4,800＋213×（学級数－2）	4,800＋128×（学級数－2）
7～12	5,652＋187×（学級数－6）	5,312＋112×（学級数－6）
13～18	6,774＋160×（学級数－12）	5,984＋96×（学級数－12）
19～30	7,734＋107×（学級数－18）	6,560＋64×（学級数－18）
31～	9,018＋53×（学級数－30）	7,328＋32×（学級数－30）

（出典：文部科学省「学校図書館図書標準」1993）
http://www.mext.go.jp/a_menu/sports/dokusyo/hourei/cont_001/016.htm

表10－2　蔵書の配分比率

⑴　標準配分比率

蔵書の配分比率は，冊数比とし，次の数値を標準とする。ただし，学校の教育課程，地域の実情を考慮して運用する。

	0 総記	1 哲学	2 歴史	3 社会科学	4 自然科学	5 技術	6 産業	7 芸術	8 言語	9 文学	合計
小学校	6	2	18	9	15	6	5	9	4	26	100%
中学校	6	3	17	10	15	6	5	8	5	25	100%
高等学校	6	9	15	11	16	6	5	7	6	19	100%
中等教育学校	6	9	15	11	16	6	5	7	6	19	100%

⑵　配分比率の運用

配分比率の運用には，次の事項を考慮する。

・絵本，まんがは，主題をもとに，分類する。

・専門教育を主とする学科又はコースを有する高等学校・中等教育学校においては，その専門領域の図書の配分比率について考慮をする。

（出典：全国学校図書館協議会「学校図書館メディア基準」2000）
http://www.j-sla.or.jp/material/kijun/post-37.htm

児童にとっては，本が探しやすくなるメリットがあるものの，個人差や移行期を考えるとデメリットも多い。

高学年になっても，読む経験が不足していたり，読書力が十分なかったりする児童は，低学年向けの書架には行きにくく，また，低学年のうちから難易度の高い本を読みたい児童にとっても，低学年が高学年のコーナーに行くには遠慮が出やすい。

また，どの子も急に易しい本から離れて難しい本だけを読むようになるわけではなく，興味の広がりもあって，難易度の高い本への移行はなだらかに時間をかけて行われる。その移行がスムーズに行えるようにするためにも，子どもたちが幅広く本を手に取れる環境を整備することは重要である。

3）カリキュラムに関連した資料の収集

どの教科にも対応できるコレクション構築をめざし，また各教科で利用しようと考えた際に，足りない資料がないように，単元ごとの内容にも気を配る。また情報が古すぎることがないように，資料の更新を常にしておく。

いまだに資料不足の学校図書館が多く，公共図書館の団体貸出に頼ることも多いのが実情だが，各教科の各単元で必要ということは，同自治体内の学校はたいてい同じ教科書を採択しているため，資料が必要な時期も重なってしまい，公共図書館も資料不足に陥りやすい。図書館を利用することの多い単元については，学校図書館自身で資料を所蔵していることが望ましい。

4）ファイル資料や自校資料の収集と構築

各学校のカリキュラム，クラブ活動や行事（修学旅行・社会科見学・体育祭など）に対応できるよう，ニーズに応じたオリジナルな資料構築も意義がある。出版された図書や雑誌だけでは，各学校のニーズを充足させることは難しいので，新聞の切り抜きをファイリングしたり，自治体や企業が出しているパンフレット等を収集したりすることで，資料を充実させる学校図書館も多い。

また，郷土資料の充実も必要であり，特に小学校ではひとつの課題となっている。小学校３～４年生の社会科で郷土について学ぶ単元があるものの，小学生の読める郷土資料は少なく，自治体や地元の企業などが作成した資料も貴重な資料となりうる。

5）廃棄

廃棄の作業は，古くなったり，破損したりした資料を処分することを意味するわけではない。英語では，weeding という用語を使い，資料収集方針・規準に合わせて，資料の見直しをすることを指す。同じよう

表10－3　学校図書館の図書館資料の選定・廃棄等の状況

		学校数（A）	図書館資料の選定基準の策定状況		図書館資料の選定に係る図書選定委員会の設置状況		図書館資料の廃棄基準の策定状況	
			策定している学校（B）	割合（B/A）	設置している学校（C）	割合（C/A）	策定している学校（D）	割合（D/A）
小学校		19,604	5,717	29.2%	5,045	25.7%	7,503	38.3%
中学校		9,427	2,547	27.0%	1,754	18.6%	3,436	36.4%
高等学校		3,509	1,566	44.6%	1,308	37.3%	1,666	47.5%
特別支援学校	小学部	837	126	15.1%	114	13.6%	168	20.1%
	中学部	834	130	15.6%	118	14.1%	168	20.1%
	高等部	850	137	16.1%	121	14.2%	174	20.5%
中等教育学校	前期課程	31	15	48.4%	11	35.5%	15	48.4%
	後期課程	30	16	53.3%	11	36.7%	15	50.0%
合計		35,122	10,254	29.2%	8,482	24.2%	13,145	37.4%

（出典：文部科学省．平成28年度「学校図書館の現状に関する調査」結果について．2016）
http://www.mext.go.jp/a_menu/shotou/dokusho/link/__icsFiles/afieldfile/2016/10/13/1378073_01.pdf

に古い資料であっても，絶版であるためや資料価値が高いため，残す必要のある資料と新しい資料に更新する必要のある資料を選別する力が求められる。

第５次の学校図書館図書整備等５か年計画でも，児童生徒が正しい情報に触れる環境を整備するという観点から，古くなった本を新しく買い替えることを促進している。2016年の文部科学省の調査[注9)]によると，１校あたりの2015年末の蔵書冊数に対する廃棄等冊数は，小学校8,920冊に対し256冊，中学校10,784冊に対し293冊，高等学校23,794冊に対し432冊であった。

6）資料の充実

文部科学省から学校図書館図書標準が示されているが，これは，最低限の学校図書館環境整備のための目安である。現場では資料数の標準をクリアすることのみを考えるのではなく，資料そのものの利用価値があるかどうか，児童生徒の発達段階に合っているかどうかに留意しながら，コレクション構築をおこなっていく必要がある。

資料数の標準をクリアするために，情報の古すぎる本を廃棄せずに残したり，公共図書館や地域住民からのリサイクル本を安易に蔵書に加えたりしてはならない。

3. 読書資料の提供

(1) 収集方針の公開

読書資料を含めた図書館資料の収集や廃棄については，それを明文化し，利用者に公開することが望ましい。限られた予算やスペースの中では，どの資料は購入し，どの資料は廃棄するのかを明確に決めておかなければ，基準がぶれてしまうからである。

また，学校図書館は，司書教諭や学校司書など学校図書館専門職だけが選書に携わるのではなく，授業での活用や読書指導のことを考え，教員も選書に関わっていくことが望ましいし，また，児童生徒による選書会をおこなっている学校もある。各教科に関する資料購入のバランスを整えたり，子どもたちが選んだ本を購入するかどうかを決めたりするにも，基準は重要な意味を持つ。しかし，資料の選定基準や廃棄基準を設けたり，図書選定委員会を設置したりしている学校の割合は低い。

小中学校については，学校ごとに基準を策定せず自治体内で共通の基準を設けても一定の基準として役立つ。高等学校は，同じ自治体内でも，それぞれ教育の特徴がはっきりしており，また在籍する生徒の進路等にも相違が出てくるので，学校ごとに策定できることが望ましい。

(2)　収集・提供する資料の範囲

資料を収集・提供するにあたって，図書以外の資料については何をどこまで収集するかも重要な課題である。

雑誌や新聞は継続出版物であり，定期的な購入を必要とするため，中長期的に財源が確保できるかどうかを考えながら，新聞はできれば複数紙を，雑誌は授業だけではなくクラブ活動等にも役立つものを購入していきたいものであるが，限られた予算の中での厳選が求められるのが実状である。

電子出版物については，電子書籍はデバイスも一緒に貸し出せるのか，契約データベースは長期にわたって提供が可能なのか，を考えながら選定することとなる。

まんがは，歴史的にみると収集しなかった学校図書館もあるが，2019年現在では，購入している学校図書館も増えてきている。選定にあたって気を付けなければならないことは，まんがは購入する，しないと，ざっくりと決めてしまうのではなく，活字資料を選定するのと同様，資料価値を見極めながら選書する必要があることである。すぐれた物語性を持つまんががたくさん出版されているし，反対に，学校図書館で購入されることの多い学習まんががどれも質がよいとは限らない。特に，歴史まんがや伝記まんがは時代考証等の点で，信頼性があるかどうかを判断する必要がある。

学校によっては，理科室や美術室など教室に配置されている資料や実物教材を学校図書館データベースで一括管理している場合もあり，それは学校内の教材を活用するには適した方法であると言えるだろう。

⑶ 資料提供のためのサービス

収集した資料を十分に活用できるようにサービスを行うのは，学校図書館の大切な役割である。資料探索に慣れていない子どもたちも多いため，せっかく多様な資料を収集しても，利用者だけではうまく利用できない可能性も大きいからである。

他の章で解説しているので，ここでは詳しく述べないが，大別すると，行事を活用する方法，印刷物を活用する方法，図書館内で展示やサービスを実施する方法が挙げられる。

行事を活用する方法としては，ブックトーク，読書会など，学校図書館が中心となって実施することの多い行事と，一斉読書や教室での読み聞かせなど学校全体で取り組むことの多い行事がある。

印刷物を活用する方法としては，新着資料案内や図書館報の発行も，まとまった情報を提供できるのでよい方法だが，図書館にあまり興味のない子どもたちの目にも触れやすいように，学級だよりや給食だよりの中に本の紹介コーナーを入れるのもひとつの方法である。さらに，体系的に資料を探したい利用者のためには，資料探索の案内となるパスファインダーを作成するのも，特に宿題や自由課題のために図書館を利用する場合に有効である。

図書館内では新着資料や各種テーマに沿った展示をして，日ごろ目につきにくい資料を手に取ってもらう機会を提供したり，読書相談やレファレンスサービスを通じて，個別の資料探索の支援をしたりすることも欠かせない業務であるが，毎日開館しており，かつ開館中，専門職が常駐している割合の少ないのが，学校図書館の課題であるといえるだろう。

子どもたちに，求める本を手渡すサービスが十分にできるかどうか，これが学校図書館が読書センターとしての基本的な役割をはたせるかどうかの鍵を握っている。

《注》

1）出版ニュース編集部「日本の出版統計」『出版ニュース』2486号，2018年７月中旬号．p.４－７

2）総務省統計局「第67回日本統計年鑑」平成30年．2018．p.638

3）粭村裕子「スウェーデン児童文学の現状：Sbiの活動と2014年児童書出版概要報告から」『聖徳大学・聖徳大学短期大学部実践研究』No.1，2017.6. p.27-34

酒井貴美子「数字でみるイラン児童書の昨今の出版状況」『カレントアウェアネス』（国立国会図書館）No.313，2012年９月

山崎美和「南アフリカ共和国の児童書の状況」『カレントアウェアネス』（国立国会図書館） No.247，2000年３月

4）OECD. Education at a Glance 2017
http://dx.doi.org/10.1787/eag-2017-en UNESCO. One in Five Children, Adolescents and Youth is Out of School.
http://uis.unesco.org/sites/default/files/documents/fs48-one-five-children-adolescents-youth-out-school-2018-en.pdf
Central Intelligence Agency. The World Factbook. https：//www.cia.gov/library/publications/resources/the-world-factbook/fields/2103.html#139

5）外務省「児童の権利に関する条約」1989年採択（国連総会）
https：//www.mofa.go.jp/mofaj/gaiko/jido/zenbun.html
※国内では，複数の翻訳が提示されているが，ここでは外務省訳を引用した。

6）文部科学省「学校図書館ガイドライン」2016
http://www.mext.go.jp/a_menu/shotou/dokusho/link/1380599.htm

7）文部科学省「新しい『学校図書館図書整備等５か年計画』が，平成29年度からスタートします！」

8）文部科学省．平成28年度「学校図書館の現状に関する調査」結果について．2016 http://www.mext.go.jp/a_menu/shotou/dokusho/link/__icsFiles/afieldfile/2016/10/13/1378073_01.pdf

9）文部科学省「平成28年度『学校図書館の現状に関する調査』結果について」2016 http://www.mext.go.jp/a_menu/shotou/dokusho/link/__icsFiles/afieldfile/2016/10/13/1378073_01.pdf

11 読書後の表現

米谷茂則

《目標＆ポイント》「豊かな人間性」を培うための読書の観点とそのための作品を提示する。また，小学校上学年と中学校における読書会をどのように進めていったらよいのかを具体作品にて解説する。
《キーワード》 1．読書後の表現の方法　2．読書感想画　3．「何をどう読ませるか」　4．豊かな人間性を培う　5．読書会の進め方　6．読書会における教師の役割　7．『よだかの星』の読書会　8．『車輪の下』の読書会

1．読書後の表現についての概説

(1) 表現の方法

児童生徒は一冊の本を読書した後，どのようにしてその読書内容を表現するのだろうか。個人としての楽しむ読書であるなら，「楽しかった」だけで終える場合もある。私的に読書ノートを書く場合もある。

意外に多いのが，読書した本の内容について友達と話すという行為である。自分から友達に話すこともあり，読書していることを知っていれば読み終わった時に友達から「どうだった」と話しかけられることもあるだろう。読書を介した一つの日常的なコミュニケーションである。「おもしろかった」という反応をすれば，友人も読書し始めるという場合もある。口コミで，ある作品の読書が広がっていくという場合もある。

ここでは，学校における読書後の表現行為としてどのような活動が考えられるのかについて，これまでの各章で解説した内容をまとめながら

紹介していく。これまで解説がなかった活動については少し詳しく解説していく。

⑵　活動中心の表現

①口頭による発表

個別やグループによる読書の発表，例えば第６章で紹介した絵本の比較などがある。集団読書による話し合いについては第２節で詳説する。

②劇による表現

読書作品を劇化する。ある程度の人数も必要であり，練習の時間もかかるが，楽しい活動になる。例えば，小学校下学年で『おおきなかぶ』をグループで劇化していくと，読書作品の劇化が楽しいということが分かり，またやっていきたいという思いが養われる。小学校上学年，中学校，高等学校にも勧めたい。

③実験や実演

理科系の作品を作品中にある実験を通して紹介したり，運動系の作品を実演によって紹介したりする。

ここまでの口頭による発表，劇による表現，実験や実演による紹介のいくつかによって読書活動集会としておこなうと，楽しい活動になる。

中学校，高等学校では，全校や学年での本の紹介の時に理科クラブや科学クラブ（部）と協力して理科系の作品を実験や実演によって紹介するなどすれば，見聴きしている生徒の興味も増すであろう。安全面に配慮して，ぜひ実施していきたい。例えば，佐藤早苗・文と写真『シャボン玉の中は夢のくに・わたしはシャボン玉の中にはいった！』（1983年第１刷 大日本図書）は，大きなたらいほどのシャボン玉をつくる実験が詳しく書いてあり，成功すると楽しい。また，演劇部があれば協力して作品を劇化していくと楽しいものになる。

⑶ 文章や絵中心の表現

①文章中心による表現

ⅰ　作品の簡単な感想を絵などとともにカードに書いて紹介する。

ⅱ　読書感想文：第６章２節を参照

ⅲ　読書レポート：第６章１節を参照

ⅳ　読書新聞：特定の作品について，数人で作品を紹介したうえで感想を書く。個人で読書した数点の作品を，例えばジャンル別に紹介するなどがある。

②絵中心による表現

読書感想画は，本を読んで感じたことを絵に表したものである。

感想画を制作する根底にあるものは，感性的な思いである。それを柔軟な発想で育てていくためには，小人数での話し合いが有効である。同じ作品を読書して相互に感想を出し合い，自分で気がつかなかったことには謙虚な気持ちで聴き，思いを拡大させ，修正をしていく段階の時間を設定するとよい。

読書感想画の発達段階は，まず，本の挿し絵を写す段階がある。そして，主人公の活躍を描く段階となる。主人公の言動や態度に共感して，それを全面的に絵にしていくようになる。

次に，小学校中学年から高学年にかけて，読書全体を通して最も感動した場面を描く段階になる。読書感想を焦点化させようとする意識が強くなってくるので，じっくり時間をかけて描くようにさせるとよい。

さらに，感動を抽象的に描く段階となる。中学生，高校生になると，心象画として感動したことをイメージとして画面に構成しようとし，色彩的にも複雑な色合いのものが目立つようになる。

読書感想画は，図工や美術の教科書にて取り上げている例もある。また，コンクールも地域，全国レベルで実施されている。

2. 読書によっても豊かな人間性を培う

(1) 豊かな人間性

この科目のタイトルにもある「豊かな人間性」とは，どのようなことであろうか。「人間性」については，多くの学問分野が研究対象にしていて，「人間を人間たらしめる本質」ということでは一致している。さらに生物学，心理学，社会学などでの規定をまとめると，「思考能力として理性を持ち，人間だけの特性として言葉をもつ動物」というだけではなく，それらが身体に基礎づけられ，広く自然環境の中の一存在であるということの理解が重要であると考えられるようになってきた。

現代の学校教育に引き付けると，例えば他人に対する思いやりの気持ち，自然環境を大事にする行動力，仕事を通して社会と関わっていこうとする生き方などが考えられる。このような人間形成について家庭，学校，社会での生活経験が重要である。小学校において生活科が導入された時には，自然体験の重要さが言われた。現在では小学生に限らず，中学生，高校生も含めて相対の人間関係を築けるようにすることが課題である。

そしてまた一方では，その経験程度，発達段階に応じた読書によっても豊かな人間性を培っていくことを考えていきたい。そのことは，この科目全体を通しての課題である。

豊かな人間性にかかわる気持ちを養い，行動の実践力を培っていくことについては，第1節で概説したように，個人の読書だけで終わるのではなく，それを表現することで，他の人とのコミュニケーションをとることが大切になってくる。読書を個人のものとして引き籠もったもののみにするのではなく，人間関係を保ち，築くことにも関係させていくことで，学校教育が集団であることからくる重要な役割に関与していくことになる。

そのような読書指導の手引きとして出版されているのが，『何をどう読ませるか』（全国学校図書館協議会）である。これは1958年に初版が出て，1994年から2000年にかけて「六訂版」が出ている。小学校（低学年・中学年・高学年別），中学校，高等学校と校種別である。

『何をどう読ませるか』では，「読書生活を豊かにする」と「人間形成をはかる」観点を設定し，集団読書によってその観点を培うことのできる適書を提示している。特に「人間形成をはかる」観点について以下に紹介すると，次の通りである。

(2) 『何をどう読ませるか』の観点とその適用作品

『何をどう読ませるか』六訂版の「人間形成をはかる」観点の内容と，そこで提示している作品のうちから作品名のみ二点ずつ提示する。ただし，筆者が新しい作品を提示したものもある（左側*印の作品）。

小学校低学年は１・２年生，中学年は３・４年生，高学年は５・６年生である。

①**豊かな心情を育てる**：人間や動植物への愛情，ユーモア，正義感，冒険心，創造的な生き方などを培う

小学校低学年～『スイミー』*『かたあしだちょうのエルフ』など
中学年～『エルマーのぼうけん』*『いのちは見えるよ』など
高学年～『キュリー夫人』*『十歳のきみへ―九十五歳のわたしから』など
中　学　校～*『いちご同盟』*『生きてます，15歳。』など
高 等 学 校～*『きよしこ』*『カラフル』など

②**自己の発見と確立をはかる**：自己の存在に気づく，自己成長の理解，自己の確立，人間の心に潜む暗黒な部分との闘いの気持ちを培う

小学校低学年～『おしいれのぼうけん』*『ともだちや』など
中学年～『ぼくってだれ』*『おにいちゃんだから』など
高学年～*『よだかの星』*『ハッピーバースデー　命かがやく瞬間』など
中　学　校～*『電池が切れるまで　子ども病院からのメッセージ』*『夏の庭』など
高 等 学 校～*『青い鳥』*『手紙』など

③**社会の中での生き方を考える**：自分以外の存在に目を開く，社会との関連を考える，外国への関心，高齢社会での問題，判断力の問題など
小学校低学年～『さっちゃんのまほうのて』*『おばあちゃんがいるといいのにな』など
中学年～『ロミラのゆめ』*『ぼくの学校は駅の10番ホーム』など
高学年～『大きな森の小さな家』*『教室―6年1組がこわれた日』など
中　学　校～*『エイジ』*『西の魔女が死んだ』など
高 等 学 校～『高瀬舟』*『博士の愛した数式』など

④**科学的な思考と態度を育てる**：科学への興味や関心を持つ
小学校低学年～『じめんのうえとじめんのした』*『いのちのおはなし』など
中学年～『ひとのからだ』『むしたちのさくせん』など
高学年～『生物の消えた島』*『エジソン』など
中　学　校～『ファーブル昆虫記』*『川は生きている』など
高 等 学 校～*『センス・オブ・ワンダー』『ハッブル望遠鏡が見た宇宙』など

(3) 課題

集団読書を前提にして作品のグレードを設定することは難しい。特に中学校と高等学校は難しい。中学生に設定している作品でも小学校５・６年生がより多く読書する作品，高校生に設定していても中学生がより多く読書するのではないかと考えられる作品もある。集団読書の場合は，どちらかというと学年相応より少し易しいくらいの作品から取り組み始めるとよい。

司書教諭は，上記の人間形成の観点や作品例を参考にして，自校の児童生徒の実情，地域の実態をも見据えて，自校の児童生徒に適した読書指導計画を作成していきたい。読書後の表現として，以下に，小学校上学年と中学校における「話し合いの柱」を設定した読書会について解説する。

3. 小学校上学年児童，中学生の読書会

(1) 小学校上学年児童が読み継いできた作品による読書会

①読書会の進め方

読書の対象となる作品については，第７章にて提示した戦後に児童生徒が読み継いできた作品群や，自校で推薦した図書，あるいは前節で提示した作品などから選択する。それをどのように読書するのかについては，ある程度以上の長さであれば全員が読み終わるように時間の確保が必要である。

読書会の進め方について重要なポイントの第一は，第８章の「２－(2)読書会の留意点」にて示した通りで，初めの感想はカードなどに書いて提出させ，そこから話し合いの柱を決めるということである。読書会で司会を担当するメンバーは，整理の段階から感想を把握し，話し合いの

柱の策定に関与するとよい。話し合いの柱は１，２点用意しておく。時間があれば２点目も話し合うということである。話し合いの柱が決定したら，その旨を学級の全員に伝え，話し合いの柱について自分の考えをカードや紙に書かせておくとよい。

重要なポイントの第二は，読書会になってから考えるのではなく，この段階で必ず自分の考えを書かせておくということである。そして，それを司会メンバーが把握してメモしておくことである。それは，読書会が始まって話し合いの柱についての意見を出させるときに，「何か意見を出してください」などと言ってもなかなか出しにくいものなので，意見内容を把握している司会メンバーが，始めの数人は指名していくとよいということからである。それによって次の発表，また，別の考えの意見内容の発表を促していくことができる。

いろいろな意見が出たところで考える時間を取って，自分と違う意見を知ったうえでの考えを深めさせる。その後に，考えを深めたり，変えたりした内容を発表させる。これ以上意見が出そうにないという状況になったら時刻，時間経過を見計らって，次の話し合いの柱に進めるなり，話し合いを終えるなりする。話し合いは柱について結論が出ればよいし，対立があったりいくつかの考えに分かれたりしても，それでよい。

指導する教師は，読書会の作品選定から関わっていく。学校の計画にもとづきながら，学年で話し合い，学級の実態に合わせて適切な作品を選ぶ。読書会での話し合いの柱の策定に当たっては，小学校下学年では教師が決めてよい。上学年では司会メンバーの児童と共に決めていく。中学校，高等学校では，初めのうちは司会メンバーに助言しながらも，次第に生徒の司会メンバーが決めていけるようにするとよい。話し合いの始めには，読書作品でどのような感想があったのかを紹介していく。これも中学校，高等学校で慣れてくれば，司会メンバーができるとよい。

話し合いの途中では，ただ聞いているだけではなく，適切な助言が必要である。例えば，話し合いが柱の中心テーマから逸れそうになったら，司会メンバーに助言する。また，中心テーマについての発言が一方的になり，反対意見が出ないときは，教師が反対の意見を出してみるなどして，話し合いを深めるようにする。

読書会が終わったら，教師は話し合いが深まったことを褒めていく。また，司会メンバーを労い，次に繋いでいく。

②小学校上学年児童が多く読書している作品による読書会

宮沢賢治・著『よだかの星』による読書会の例を提示する。『よだかの星』は全国読書感想文コンクール，小学校上学年のフィクションの部において，1955年～1999年までの45年間の統計で入選の読書対象回数が最も多かった作品である。

考える読書として，全国入選した感想文において上学年児童は，よだかと鷹との関係，よだかの星への飛翔についていろいろに考えた。それを参考にして，読書会における話し合いの柱について考えていく。

豊かな人間性を培う観点としては，前節で示した「人間形成をはかる」観点のうち「②自己の発見と確立をはかる」で「思いやり，生命尊重」を設定するのが適切である。

話し合いの柱の一例としては，「よだかの星への飛翔についてどう考えるか」が適切である。これについては，まず容認の考えが出てくる。「鳥の世界では弱いが遠い空まで飛んでいく意志の強さがある」，「強い意志で星になろうとした」，「死を覚悟した努力によって星になろうとした」，「自分を犠牲にしてまで他の命を生かす道を選んだ美しい心である」などの意見が想定できる。

次には，飛翔についての疑問である。「苦しみを本当に分かってやれる友達がいたら飛翔しなかったかもしれない」，「星になることは死ぬことで敗北ではないのか」,「ほかの鳥と仲良くやっていける方法を考える方がよいのではないのか」,「空の星になって幸せなのだろうか」などの意見が想定される。

さらには，飛翔への批判である。「自死したのと同じでありもっと生き続けてほしかった」,「星へと飛翔した強い意志を生きるために使ってほしかった」,「ひとりぼっち輝いているよりも，よだかも羽虫も幸せにならないといけない」などの意見が考えられる。

重要なのは，容認の考えから飛翔に対する疑問を出させるようにすることである。それには，感想を書いて提出させた段階で，疑問及び疑問につながる反応をよく把握しておき，それを話し合いのときに発表させることである。疑問のままで終わるか，批判まで出てくるのかは分からないところであるが，疑問までは出させたい。その段階で時間をとって考えさせれば，飛翔への批判も出てくる可能性があり，話し合いの深まりが期待できる。

⑵　中学生が多く読書している作品による読書会

①中学生の読書

第４章で解説したように21世紀になり，2005年前後を境にして中学生の読書は進展している。毎月ごとに読了した本のうち，他の人に勧めたい一冊を紹介する時間も設定するとよい。また，心身の発達に相応した良質な作品によって読書会をおこないたい。

②ヘルマン・ヘッセ／作『車輪の下』の読書会

この作品は，全国読書感想文コンクール入選の読書対象作品フィクションの部として，1955～1999年の45年間で他の作品に比較して，圧倒的な入選回数（124回，二番目に多い作品は71回）であり，多くの中学生が読書してきた作品であり，現在でも読み継がれている。

中学生にとって主人公ハンスの生き方の他にも受験や勉強，友情，親友，教育，教師，ハンスをめぐる人々，初恋など多くのテーマが内在している作品である。

豊かな人間性を培う観点としては，前節で示した「人間形成をはかる」観点のうち「②自己の発見と確立をはかる」で「自己の確立をはかる」が適切である。話し合いの柱の一例としては，「ハンスに同情すべきなのか，克服しなくてはならない何かがあったのか」とすれば，多くの考えが出てくることが期待できる。まず，ハンスには同情に値するという考えがある。「周囲の期待が大きすぎた」，「環境によって才能が生かされなかった」，「受験勉強の大変さ」などからである。そしてこれに対しては，疑問やあるいは批判する考えが出てくる。「ハンスに同情してはいけない」，「気持ちが弱い」，「主体性や自主性がない」，「周囲や友人に引きずられている」などが出てくるであろう。

次に，批判から出てくるものとして，克服しなければならないのは何であったのかについて考える時間を取って意見を出させるとよい。「受験に対して主体的になるとよい」，「もっとたくさんの人と付き合うとよい」，「友人を選びたい」，「希望を見つけて，もっと生きてほしかった」などの意見が予想される。これらの意見に対しては，さらに反論も考えられるところであり，考えを深めさせていきたい。

出てきた意見を司会グループや教師がまとめてしまう必要はなく，いろいろな視点からの考えを認めていくとよい。教師は，考えが深まったことを認め，司会グループを慰労する。

(3) 中学生，高校生の読書の新しい傾向の把握

生徒の読書については，新しい作品の読書も把握していく必要がある。人気の『ハリー・ポッター』では，英語版の読書も勧められる。例えば，

シリーズのうち読了した巻を英語版で読み直す，まだ読了していない巻は日本語版で読む前に英語版で読書するなどしてみるとよい。そのためには，英語版も学校図書館で購入，配架しておくとよい。

第7章において提示した，青木和雄『ハッピーバースデー　命かがやく瞬間』と，湯本香樹実『夏の庭　The Friends』には共通点がある。それは，主人公が小学生であるということである。そうであっても，考える内容として，『ハッピーバースデー』においては女子児童の内面心理が描かれており，また，『夏の庭』では，主人公三人の難しい家庭環境と彼らの相手となる老人の死もある。これらは，考える内容として中学生以上がふさわしいのであるが，小学校上学年児童もよく考えている。『夏の庭』は高校生もよく読書している作品である。

生徒の新しい読書領向についても注目していきたい。第7章において，2000年以後に中学生と高校生がよく読書した作品として提示した以外の作品のうち，全国読書感想文コンクールの全国入選となっている注目したい作品を記す。

重松清『その日の前に』，『エイジ』，『くちぶえ番長』など，東野圭吾『虹をあやつる少年』など，横山秀夫『出口のない海』など，海堂尊『医学の卵』など，堂場瞬一『ヒート』など，誉田哲也『武士道シックスティーン』など，住野よる『君の膵臓を食べたい』，百田尚樹『永遠のゼロ』，宮部みゆき『Ico　霧の城』などである。

ここまでに紹介した多くの作品の中には，電子書籍化した作品があり，それらを児童生徒が情報機器にて読書するということは，この先大いに進展していくことが予想できる。

参考文献

『学校図書館』2018年10月「特集Ⅱ　読書感想画指導の取り組み」

12　読書後の交流

米谷茂則

《目標＆ポイント》　読書活動を活発にするために，読書後の交流を多くしていきたい。「読書週間」の行事，「読書会」など全校，学年，学級レベルでの交流について解説する。また，小学生，中学生，高校生の読書学習について紹介する。

《キーワード》　1．「読書週間」設定の意義　2．「読書週間」行事の活動内容　3．読書集会　4．親子読書　5．『人間失格』及び『こころ』の読書　6．小学生のテーマ読書の実際　7．中学生のノンフィクションブックレポート　8．高校生の新書読書からの読書レポート

1．「読書週間」行事の意義と活動内容

⑴　「読書週間」の意義

「読書週間」は全校の読書活動の気運を盛り上げる絶好の機会である。「読書週間」ではなく，「読書月間」として取り組む学校もある。その持ち方によって学校全体の読書活動の動きが変わってくることもあるので，自校の児童生徒が興味関心を持ちそうな内容についてアンケート調査などをして，要望の多い活動を選んで計画し実施していきたい。

「読書週間」行事には，以下のような意義がある。

ⅰ　あまり読書しない児童生徒への対応

「読書週間」行事は全校を対象とするので，ふだんあまり読書に興味関心がなかったり，関心があっても忙しくて読書に時間が割けないでい

る児童生徒にその機会を提供することになる。そのようにするためにも，児童生徒の要望の多い活動をおこなっていきたい。

ⅱ　全ての教員の関心を向ける

日常的に朝の読書をおこなっていないような学校の教員は読書への関心が低い場合もある。そのような教員に児童生徒の読書に対して興味関心を持たせていく機会となる。

ⅲ　保護者，地域の人々にも関心を持ってもらう機会にする

例えば，「読書だより」で児童生徒の保護者も読みそうな記事を載せて，興味関心を持ってもらうようにする。また，保護者も参加できるような活動内容をつくることができるとよい。

⑵「読書週間」行事の活動内容

具体的に，以下のような活動が考えられる。児童生徒の図書委員に積極的に活動させていくとよい。

①全校一斉朝の読書

朝の読書を定期的におこなっている学校が増えている。それを「読書週間」の時には，毎日実施したり，時間を増やして実施したりする。

小学校，中学校，高等学校において普段に一斉の「朝の読書」を実施していない学校の場合，特に高等学校では読書週間，読書旬間，読書月間を設定して，実施していきたい。

②全校，学年，学級の読書集会

全校集会では「読書週間」の目的を話して，興味関心を盛り上げていく。読書関係の表彰，校長，教頭，司書教諭・図書主任等が勧める本の紹介，そして小学校の場合は読書クイズなどがあると盛り上がる。中学校，高等学校では図書委員のブックトークがあるとよい。また，演劇部があれば，劇で校種相応の作品を紹介すると楽しむことができる。

学年集会では，学年別のテーマを持っておこなうとよい。学級数が少ない小学校では低学年，中学年，高学年別や，下学年と上学年別でおこなうとよい。中学校，高等学校では図書委員や読書クラブ主催の読書会を，課題作品を決めておこなうとよい。学級の読書集会では，第11章1節で解説したような口頭発表，劇，実験や実演による紹介などを組み合わせた読書集会を各学級でおこなっていくと，楽しむことができる。

(3) 校種ごとの活動例

①小学校

i　読書感想文，感想画

読書した作品についてカードに，簡単な感想を書き絵も描くなどして，学級や学年ごとに掲示をする。

ii　学級での読書会

これについては第8章2節と第11章3節で紹介した。各学級でそれぞれ都合のつく時間に実施するだけでなく，読書週間の期間内におこなうようにすれば，情報も交換でき，また，児童のやる気も刺激される。

iii　親子読書

学級において，児童と保護者がともに一冊の作品を読書して感想などを話し合う。児童全員の保護者が来校してくれるとは限らないので，児童をグループにしてその中に保護者を組み合わせていく。グループごとに読書作品が別であってもよい。

iv　読み聞かせ

児童相互の読み聞かせをおこないたい。「読書週間」は10月，11月などに実施することが多い。1年生と6年生は，その時期までにいろいろな交流を持つ。成長を見てもらうために，1年生が6年生に自分で読めるようになった作品を読み聞かせるとよい。

v　読書郵便

自分が読書した作品で，他の人にも勧めたいものをカードに書いて，図書係や図書委員会児童が届ける。学級内，学年内でもよいし，兄弟学年や姉妹学年などを設定していればその学年間でおこなってもよい。相手の学年にふさわしい本であること，勧める内容以外は書かないことなどの条件を付けておく。

②中学校

i　学級読書会

第11章「3.⑵　中学生が多く読書している作品による読書会」を参照のこと。

ii　読書感想文コンクール

校内で学校が推せんしている作品にて実施するとよい。学年ごとに同じ作品で実施して，図書委員や学級代表の生徒で「優秀感想文」を決定していって，図書委員会が表彰する。また，学級ごとに別の作品でおこなって，その学級代表を選出してもよい。

iii　全教職員，全学級「おすすめの本」の紹介

「読書だより」や「図書館だより」を読書週間に合わせて発行し，その中で全教職員の「おすすめの本」を短文とともに紹介する。また，学級ごとの「おすすめの本」も紹介する。それらは，図書館の目立つ位置に配架しておく。

iv　図書委員生徒のブックトーク

図書館で，４月から読書週間前までの貸し出しデータを取り，あまり貸し出されていない本の中からお勧めの本を紹介する。全校に向けて，校内放送でおこなうと効果的である。

v　朝の読書で読んでいる本の紹介

中学生は特に友達相互にどのような本を読書しているのかを情報交換

し合い，楽しい本を交換して読書する。そのような姿にもっていくために，お昼の放送など学級単位で紹介し合う。

③高等学校

i　読書会

学年，学級における読書会とは別に，図書館や図書委員会主催でおこなう。生徒の実態にもとづいて，課題図書を事前に読書してくることにしてもよいし，集団読書用テキストを用意して，それを読書するところから始めてもよい。本章第2節を参照のこと。

ii　親子読書会

親子読書会は，校種が上がるほど保護者の参加という点で実施が難しくなる。しかし，PTA との連携を密にして準備と PR をすれば成功の可能性が高い。例えば，栃木県立宇都宮女子高等学校では毎年実施して成果を得ている（『学校図書館』2004年9月号）。

iii　講演会，講座の開催

校内文化祭の図書館活動としておこなうとよい。予算があれば，外部講師を招いてもよい。保護者や地域の人で講演などできる人がいれば依頼してみる。実施後に，その時の写真などとともに関連した本を展示しておくとよい。また，後出のオーサービジットに応募してみるとよい。

iv　読書感想画コンクール

高校生になると見応えのある感想画が多くなってくる。早めに告知をして作品を募り，出来上がった感想画を対象の作品とともに展示する。

v　校内読書感想文コンクール

高等学校では，全国読書感想文コンクールへの対応だけではなく，学校独自に課題図書を選定してコンクールをおこなっている場合が少なくない。学校によっては，ほとんど読書しない生徒に対して課題図書を指定して，年に一冊でも二冊でも読書させていくという意義を持たせているところもある。

2. 高等学校における読書後の交流

(1) 読書会

高等学校の読書会は1960年代後半からの実践報告がある。ロングホームルームの時間に学級ごとに展開したり，放課後に自由参加でおこなったり，土曜日の午後におこなうなど，各高等学校が工夫して実践していた。また，朝の読書も学期ごとに期間を設定して実施するなど，学校の実情に応じて前向きにおこなわれていた。1980年代になると，ゆとりの時間を使っての読書活動の実践もおこなわれた。その後も連綿と読書会の実践は続いている。その実践の成果を学んでいく必要がある。全国の高等学校の25%が私立であり，そこでの実践も盛んである。

①対象図書

まず，第７章で示した，戦後の高校生が読書し続けてきた作品は，生徒の実情にもとづいて読書会の対象作品にしていきたい。次に，全国学校図書館協議会が集団読書テキストとして中学校及び高等学校向きの作品を出版しているので，その中から自校生徒向きの作品を選び，１学級の生徒数分購入するとよい。さらに生徒から要望を募り，新しい作品でも文庫になっているものがあれば，学校図書館で集団読書用に１学級の生徒数分購入して，集団読書用テキストにするとよい。

②読書会の運営

運営の基本は生徒，中でも図書委員会生徒に任せるとよい。ただし，そのために図書委員になったということでもないので，まず，司書教諭の指導にて図書委員生徒だけで読書会をおこない，計画の立て方，司会と進行の仕方などを学ばせていくようにする。司書教諭は学級担任に対して，読書会の運営の仕方について説明するとともに，図書委員生徒の読書会を見せたり，ある学級で司書教諭が読書会を展開して見せるなどして，運営の実際を分かってもらうようにするとよい。

読書会の時間は，基本は一単位時間のホームルームでおこなう。

③具体作品での例

全国読書感想文コンクール（1955年～1999年の45年間）入選の読書対象となった作品で，フィクションの部で入選対象回数が多かった上位の太宰治『人間失格』と夏目漱石『こころ』を取り上げる。

話し合いの柱をどのようにして作っていくのかについては，中学校の項を参照していただきたい。上記二作品について，全国入選の感想文を参考にすると，以下のような話し合いが想定できる。

ｉ　太宰治・著『人間失格』

「主人公，葉蔵の生き方をどのように考えるか」で第一の感想を書かせ，整理の後に，話し合いの柱は，例えば「葉蔵は人間らしく生きたのか」などが考えられる。

まず，「道化」という考えが出てくるが，これについては深まりようがない。次には，「葉蔵は人間失格ではなく，人間らしく生きた」という考え方も出てくるが，さらに深く考えるように促していく。

例えば，「生きることを放棄したくない」，「夢をあきらめた悲しい作り笑いで生きたくはない」，「相手から愛されることを望むような，受動的な生き方はしたくない」というような否定的な考えも出される。そこから進めて，「それを避けるためには本人の気力や努力が必要である」や，「孤独に耐える力も必要である」などの考えが想定できる。この段階での意見を大事にして，たくさん出させる。

さらに，「常に自己を乗り越える努力をしていきたい」，「自分が危うい存在であることを知った上で，それを律して生きる努力をし続けて生きたい」，「自分に弱いところがあることを認め，それを克服して自分の責任で生きていきたい」などの考えが出てくるとよい。

高校生としての『人間失格』の読書は，批判にまで高めていきたい。

ⅱ　夏目漱石・著『こころ』

読書の後で，「先生の生き方をどのように考えるか」で第一の感想を書かせ，整理の後に，話し合いの柱は，例えば「先生は自死するしかなかったのか，しなくともよかったのか」などが考えられる。

まず「償いのため」，「苦悩からの逃避のため」からそれしか選択の道はなかったという考え，あるいはまた，「Kの自死からすると致し方ない」という考えが出てくる。

しかしこれとは反対に，自死への疑問から，例えば「生きて苦しみ抜いてこそKへの償いになる」，「自死という逃避はしない方がよい」という考えも出される。そして「倫理的なものであっても，自死を肯定したり，同情したりできない」という考えなども出てくるとよい。

さらには「先生の奥さんは，Kと先生との二人の自死を目前にした」，「先生の奥さんからすれば，先生は単なるエゴイストに過ぎないのではないか」，「Kの思いからしても生き続けてほしかった」という考えも出される。特に，女子生徒には，女性からの視点で考えさせていくと，これまでとは違った多様な考えが出てくることが予想される。

『人間失格』も『こころ』も，主人公の生き方をどのようにとらえるのかという難しい問題を考えていかねばならない。それに真摯に立ち向かわせていきたい。

なお，放送教材・ラジオにおいては，21世紀となって読書感想文コンクール小学校，中学校，高等学校と三校種にて上位の入選対象となっている作品，湯本香樹実『夏の庭』を取り上げるので，必ず聴くようにします。

(2) 合同読書会

合同読書会とは，自校の生徒だけではなく複数の高等学校生徒，あるいは一定地域の高校生による読書会をいう。図書委員会生徒などの参加で，現在もおこなわれている。中学生によるものもおこなわれている。

(3) 新しい活動例

①オーサービジット

小学校１年生から高校３年生までの学級，クラブ，委員会，有志など40人程度までのグループに作家の方が訪問して授業をおこなうというもので，朝日新聞社が実施している。これまでは音楽家の青島広志さんが小学校を，作家の綿矢りささんが中学校を，登山家の野口健さんが特別支援学校の教室を訪問して，特別テーマの授業をおこなっているなど多くのオーサーの方々の訪問があった。また，特別版として2012年には宇宙飛行士の山崎直子さんが，いわき市内の小学校を訪問して，全校児童に飛行士としての訓練や宇宙での体験について授業をおこなった。

応募して抽選によってオーサーの方の訪問があれば，図書館にオーサーの著書や授業テーマに関連した作品を展示すれば，訪問先の学級だけではなく学校全体で読書が進むことが予想できる。

②読書ボランティア

中学校では，「平成29年版中学校学習指導要領」特別活動領域中の〔生徒会活動〕の内容に「（３）ボランティア活動などの社会参画」があり，高等学校でも「平成30年版高等学校学習指導要領」特別活動領域中の〔生徒会活動〕の内容に「ボランティア活動などの社会参画」がある。この活動の実際として，中学生や高校生が保育所，幼稚園，小学校へ出向き，絵本の読み聞かせをするという例がある。押しつけにならず，相手方の楽しみの一つとして，読んでもらいたい作品の要望を聴くなどしておこなうようにしたい。

公立の高等学校は，特別支援学校と交流する機会があるので，読みきかせなどを実施させてもらえるようにするとよい。

③高校生への多読の奨励など

高校生に多読を奨励している学校がある。読了後に読書ノートを書かせ，それを教師が読んでコメントを書き，毎回ごと別々の生徒に発表させている。また，外国語作品の読書を推進している学校もあり，例えば絵本や児童書も含め，英語の洋書の多読をすすめている学校がある。さらに調べ学習では，生徒がテーマを決めて英文のレポートを作成し，発表させている学校がある。私立の中高一貫校では「読書科」を設けて，活発な読書学習を展開している学校もある。

3. 児童生徒の読書の学習

(1)　小学生のテーマ読書の実際

第６章において記したテーマ読書の実践例示をする。小学校５年生の読書学習である。

テーマを先に決める。児童に興味や関心を持っていることを話し合わせると，たくさん出てくる。たとえば，「平和になるってどういうことだろう」，「大切な命って何だろう」，「友達ってどんな人？」，「大人になるってどういうことかな？」，「自分らしさとは何か」，「家族の大切さって何だろう」など，小学生でもいろいろなテーマが出てくる。3，４人でグループを形成し，選択したテーマに対応した作品を各人が図書館から借りてくる。それぞれが選んだ作品を，グループの全員が読書する。このために，３週間ほどの時間をおく。

読書後に，それぞれの作品ごとにテーマについてどのように書いてあったのかを発表して話し合いをしていく。その後に，グループごと B4 あるいは A3の罫線用紙に，読書作品の紹介とテーマについて考えた内容を書いてまとめる。発表会の後，廊下や図書館に掲示をするとよい。

⑵ 中学生のノンフィクションブックレポート

第４章で提示したように，中学生の読書が進展している。ところが，大学に入った学生に，具体的にどのような作品を読書したのかについて発表させると，ノンフィクションの読書がほとんどないことがわかる。

そこで，中学生にはノンフィクション作品を課題とさせ，ブックレポートまで求めるとよい。平成24年版及び平成28年版光村図書の国語教科書には，次のようなノンフィクション作品が紹介されていた。

１年生　毛利衛『宇宙からの贈りもの』，東野真『緒方貞子—難民支援の現場から』，小関智弘『ものづくりに生きる』，佐藤律子『種まく子供たち—小児ガンを体験した七人の物語』

２年生　浜辺祐一『こちら救命センター』，川島隆太『脳を育て，夢をかなえる』，レイチェル・カーソン『沈黙の春』，宮脇昭『森よ生き返れ』

３年生　池内了『科学の考え方・学び方』，中川なをみ『砂漠の国からフォフォー』，養老孟司『解剖教室へようこそ』，永坂武城・監修『気をつけよう！ 情報モラル　全三巻』

ブックレポートに必要な内容は，例えば次のような項目である。

ⅰ　どのような内容だったのか（多くても３点程度）

ⅱ　一番興味を持ったのは，どんな内容か

ⅲ　ⅱの内容について，自分ではどのように考えたのか

上記３点の内容を A4用紙にまとめさせ，学級全員の人数分を印刷して発表させていくとよい。他の生徒の発表で読みたいと思った作品は，

その後の朝の読書にて読書させていくとよい。

⑶　高校生の新書読書からの読書レポート

高等学校において，新書の読書が徐々に広がりを見せている。教科書においても，新書の紹介をしている。例えば，三省堂『高等学校 国語総合 現代文編』平成25年版には，次のような紹介があった。

田中克彦『ことばと国家』　湯浅誠『反貧困』　香山リカ『「悩み」の正体』　堤未果『ルポ 貧困大国アメリカ』（いずれも岩波新書）

上記はいずれも，現在でも考えさせたいテーマ性を持っている。自校生徒の実態に合った新書を提示できるとよい。高校生であってもジュニア新書でもよい。朝の読書の時間に読書させて，中学生のブックレポートと同じように書かせていく。ただし，高校生では中学校のブックレポートからの発展として，自分の考えの形成に資するために，学年に応じて「ⅲ　ⅱの内容について，自分ではどのように考えたのか」の分量を多くさせていくとよい。発表会も実施する。

参考文献

全国学校図書館協議会『学校図書館』2011年８月「特集 読書をより豊かにする読書会」／2013年７月「特集 読書指導のあたらしい形」

13 家庭読書との連携

岩崎れい

《目標＆ポイント》 児童生徒の読書習慣の形成には，家庭が重要な役割を果たす。日頃から家庭や地域と連携をとっていくことは，児童生徒のよりよい読書環境の整備のために欠かせないことであり，その方策について考えてみる。

《キーワード》 1．家庭読書　2．ブックスタート　3．読書習慣

1．乳幼児期の重要性

(1) 家庭と読書

乳幼児期における家庭読書の重要性は，日本でも20世紀後半にはすでに注目され始めていたが，2000年にイギリスのブックスタートが紹介されてからは，さらに重要性が認識されるようになってきている。もちろん，赤ちゃんは自分で本を読むわけではないので，お話をしてもらったり，絵本を読んでもらったり，ことばをかけてもらったりする中で，その土台を作っていくと考えるとよいだろう。

第１章でも述べたように，乳幼児期の読み聞かせは，のちの読書習慣を作るためだけでなく，言語力の育成や社会・情動的発達にも有用であり，また就学後の学力にも影響することが認知されるようになった。しかし，乳幼児期の読み聞かせなど本に関わる機会の中心は家庭であり，各家庭の事情はさまざまであるため，すべての子どもたちに同じ環境を提供することは困難である。

そのため，各国でさまざまな取り組みが行われている。例えば，米国では，ファミリーリテラシーという概念がある。これは，家族を単位としたリテラシー教育で，子ども自身だけではなく，その家族である保護者なども対象とする取り組みである。その背景には，家庭環境が子どもに及ぼす影響は大きいと考え，貧困と非識字の連鎖を断ち切ろうとする意図がある。具体的には，親子で参加できる識字能力向上のための活動の実施，成人識字教育の実施，保護者に対する本の選び方や読み聞かせの仕方の指導など直接読み書きに関わる活動だけではなく，子育て支援なども含まれている。

オバマ第44代大統領は，リテラシー教育や家庭の読書環境の向上を重視することについて，次のように述べている。

> 読むことは，語彙力の向上から，科学的技術的側面において十分な力量を備えることに至るまで，あらゆる学びを可能にする入り口のスキルである。
>
> (From Obama's speech, "Literacy and Education in a 21st-Century Economy," given to the American Library Association on June 25, 2005)

> 誰もが図書館への魔法の入り口にたどり着くことができると，子どもたちに確信させられれば，我々は彼らの人生をよい方に向かわせることができる。そのことは永遠に大きな力となるのである。
>
> (From "Bound to the Word." Barack Obama. December 17, 2010 in Arlington, Virginia)

ここから，読むことが学びの基本であり，学びがよりよい人生を送るための手段であるととらえられていることがわかる。多くの国々で，リテラシー教育や読書環境の整備に力を入れるのは，米国に限らず，この考えが根底にあるからであろう。

(2) ブックスタートの目的

乳幼児期の家庭における読書環境を重要視する取り組みで代表的なのは，ブックスタートである。ブックスタートは1992年，英国の民間機関であるブックトラストによって開始された乳幼児とその保護者のための読書支援プログラムである。楽しんで読書をすることは，すべての子どもたちの精神的・身体的な健やかな成長を手助けすることになり，また教育的支援に役立つことが明らかであるとして，子どもたちが人生において公平なスタートを切れるように始められたものである。現在では世界各国に広まり，日本にも2000年に紹介された。ここで着目しておきたいのは，開始当時「人生における公平なスタート」という点に重点が置かれたことである。

このブックスタートは，社会的な注目を集めたものの資金繰りに苦労し，1990年代の後半には実施規模が小さくなった。しかし，英国のワーク・ライフ・バランス政策の一環として1999年から始まったシュアスタートプログラムとの連携が始まり，ブックスタートプログラムにも国から予算がつくようになった。シュアスタートプログラムとは，ワーク・ライフ・バランス政策の一環として開始されたもので，子どもに対する行政の施策をまとめ，教育と福祉の統合を図ったものである。2003年には，「どの子も大切にする」ことを目指した‘Every Child Matters’という施策が始まり，それに合わせて‘Children Act 2004’が制定され，2007年には，児童・学校・家庭省が創設された。この施策と連携して実施されているブックスタートの特徴は，就学後までを視野に入れた継続的なサービスと「特別な教育的ニーズ」を充足させるサービスである。すなわち，すべての子どもたちに，その家庭環境やハンディキャップの有無にかかわらず，教育の機会を提供し，就学後の学習のための土台をつくることにその目的がある。

日本におけるブックスタートについては，すでに0歳児だけではなく，幼児も対象とするフォローアップをする自治体も増えてきているが，就学後につなげていくための連携はまだ不十分であり，今後の重要な課題となるだろう。学校図書館も就学前の家庭での読書を支援するための一員としての役割が求められる可能性も高くなってきている。

2. 家庭読書の推進

(1) 家庭読書の啓発

日本においても家庭読書を促進するための活動は行われてきた。歴史的にみると，1950～1960年代に広まった子ども文庫，1960年代の椋鳩十による「母と子の20分間読書運動」，1984年に始まった練馬区の保健所文庫などを中心に，家庭の読書を促進しようとする試みが行われてきた。

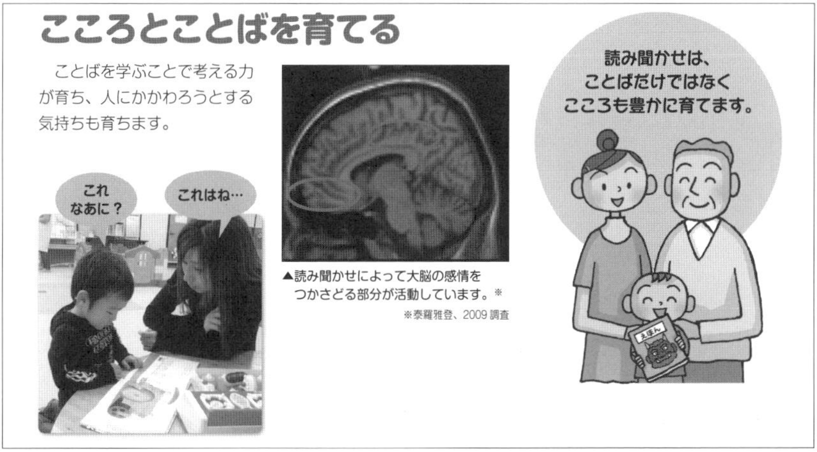

図13－1　こころとことばを育てる
（出典：「絵本で子育てを楽しく」p.5　文部科学省）

2000年以降の子ども読書活動を推進する行政施策の中で，政府による家庭読書推進のための啓発活動も行われている。例えば，家庭で乳幼児に絵本を読むことを奨めるための啓発資料に，2011年に文部科学省が出した「絵本で子育てを楽しく」がある。ここでは，乳幼児期における絵本の重要性，年齢ごとに必要な事柄，公共図書館をはじめとして子どもの読書を支援する機関があることなどが記されている。

脳科学分野における研究が進み，読み聞かせをしてもらっている時に

図13－2　この時期の読み聞かせ
（出典：「絵本で子育てを楽しく」p. 9　文部科学省）

は，言語や知的活動をつかさどる部分よりも，心や情動をつかさどる脳の部位である大脳辺縁系がもっとも活動していることが明らかになっており，図13－1ではそのことについて述べている。

図13－3では子どもは様々なジャンル，テーマ，視点の本に出会う必要があるが，家庭ですべてを揃えられるわけではなく，また揃える必要もなく，図書館や幼稚園などの公共機関や教育機関が利用できることを示し，家庭の多様な条件にかかわらず，読書環境を整えることが可能であることを示している。

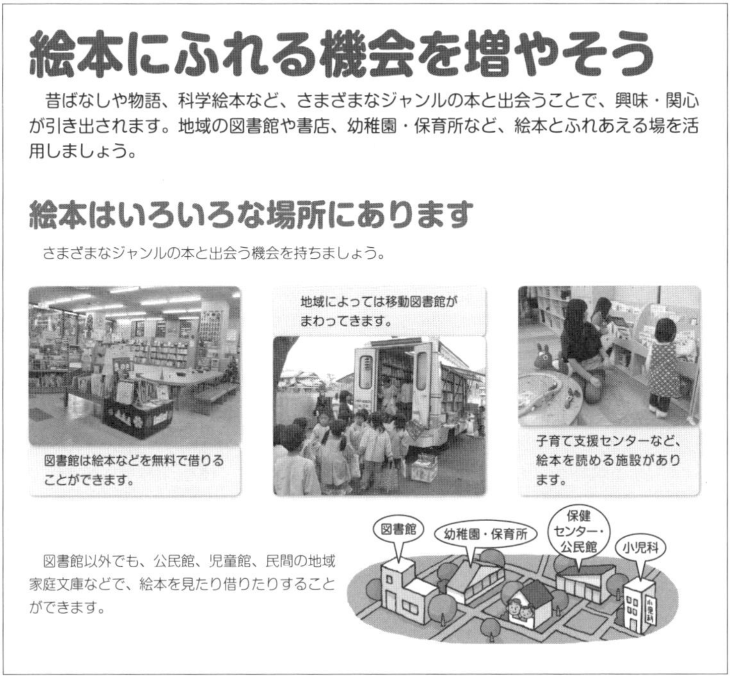
絵本にふれる機会を増やそう
昔ばなしや物語、科学絵本など、さまざまなジャンルの本と出会うことで、興味・関心が引き出されます。地域の図書館や書店、幼稚園・保育所など、絵本とふれあえる場を活用しましょう。
絵本はいろいろな場所にあります
さまざまなジャンルの本と出会う機会を持ちましょう。
地域によっては移動図書館がまわってきます。
図書館は絵本などを無料で借りることができます。
子育て支援センターなど、絵本を読める施設があります。
図書館
幼稚園・保育所
保健センター・公民館
小児科
図書館以外でも、公民館、児童館、民間の地域家庭文庫などで、絵本を見たり借りたりすることができます。

図13－3　図書館や園の活用
（出典：「絵本で子育てを楽しく」p.12　文部科学省）

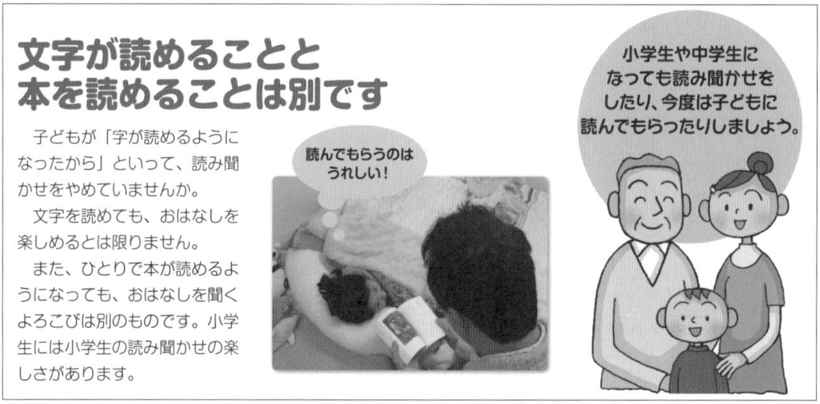

文字が読めることと本を読めることは別です

子どもが「字が読めるようになったから」といって、読み聞かせをやめていませんか。

文字を読めても、おはなしを楽しめるとは限りません。

また、ひとりで本が読めるようになっても、おはなしを聞くよろこびは別のものです。小学生には小学生の読み聞かせの楽しさがあります。

読んでもらうのはうれしい！
小学生や中学生になっても読み聞かせをしたり、今度は子どもに読んでもらったりしましょう。

図13－4　文字が読めることは本を読めることではない
（出典：「絵本で子育てを楽しく」p.11　文部科学省）

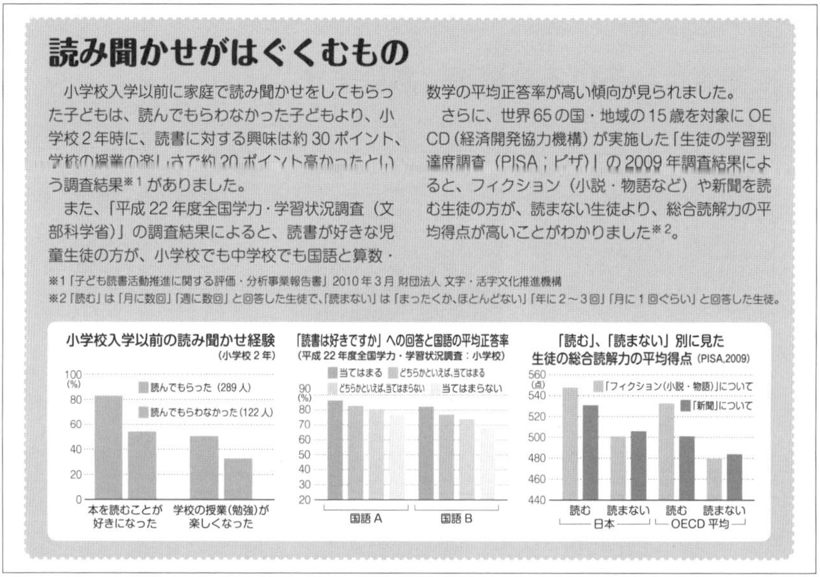

読み聞かせがはぐくむもの

小学校入学以前に家庭で読み聞かせをしてもらった子どもは、読んでもらわなかった子どもより、小学校２年時に、読書に対する興味は約30ポイント、学校の授業の楽しさで約20ポイント高かったという調査結果※1 がありました。

また、「平成22年度全国学力・学習状況調査（文部科学省）」の調査結果によると、読書が好きな児童生徒の方が、小学校でも中学校でも国語と算数・数学の平均正答率が高い傾向が見られました。

さらに、世界65の国・地域の15歳を対象にOECD（経済開発協力機構）が実施した「生徒の学習到達度調査（PISA；ピザ）」の2009年調査結果によると、フィクション（小説・物語など）や新聞を読む生徒の方が、読まない生徒より、総合読解力の平均得点が高いことがわかりました※2。

※1「子ども読書活動推進に関する評価・分析事業報告書」2010年3月 財団法人 文字・活字文化推進機構
※2「読む」は「月に数回」「週に数回」と回答した生徒で、「読まない」は「まったくか、ほとんどない」「年に2～3回」「月に1回ぐらい」と回答した生徒。

図13－5　読み聞かせと学力との関係
（出典：「絵本で子育てを楽しく」p.11　文部科学省）

文字を覚え始めても，すぐに本が読めるようになるわけではないため，大人が同義にとらえて自分で本を読むことを促してしまうと，読書の楽しさを感じることができないままに，読書離れを起こしてしまう可能性がある。特に，自分でも本を読み始める小学校低学年の頃に，読み聞かせも続けることは重要である。しかし，読み書きを覚え始めたら一人で読む方がよいと思っている保護者も多いため，図13－4では，そうではないことが強調されているのである。

さらに，PISAや全国学力・学習状況調査の結果から，就学前の読み聞かせや就学後の読書体験が，読書に対する興味だけではなく，学習意欲や学力の向上にも影響があることを図13－5で示している。

(2)　家庭読書推進の事例

乳幼児期は，読書習慣を形成するうえで土台となる時期であり，それをもとに小学校入学以降は，実際に読書習慣をつけていく時期である。特に小学生にとっては，学校教育が果たす役割は大きくなり，カリキュラムに基づく読書指導や学校図書館サービスが重要となってくる。但し，家庭での読書環境が大きく影響することは乳幼児期と変わらない。とは言っても，特別な環境を整える必要はなく，家に本がある，家庭で本の話ができる，保護者が本を読んでいる姿を子どもたちが見るなどのことで，十分子どもたちの主体的な読書への刺激になると考えられている。そのための活動のひとつとして注目されているのが，「家読（うちどく）」である。

「家読（うちどく）」は，家族で本を読もうというプロジェクトであり，民間で始まった運動であるが，2019年現在，自治体の施策や公共図書館の取組と連携して実施されているケースも増えてきている。

例えば，小郡市では「子ども読書の街づくり事業」の一環として，「家読（うちどく）」が実施されている。第2次小郡市子ども読書活動推進計画では，「ブックスタート事業」「小学生読書リーダー養成講座」と並んで，「家読推進プロジェクト」を重点課題としている。さらに，2006年には学校図書館支援センターを設置し，小郡市立図書館ネットワークをつくって公共図書館と学校図書館の利用者カードの共有化をはかったり，小中学校教員のための図書館利用案内をおこなったりしている。

読書はきわめて個人的な営みであるものの，このような例からもわかるように読書習慣を形成するプロセスにおいては，家庭と社会・学校・図書館との連携によって，そのサポートをしていくことが，確実に子どもが読書習慣を形成するうえで重要になってくるのであると言えるだろう。

3. 発達段階に合わせた連携

(1) 乳幼児期

主に家庭での読み聞かせが中心となるが，すべての子どもたちに家庭で同じ環境を提供することは難しい。そのため，保護者に対する啓発活動を行うと同時に，公共図書館や幼稚園・保育所，保健所などの子育て関連機関などによる支援が不可欠となる。また，小学校へのスムーズな移行も重要であるため，幼小連携が有効である。特に，小学校低学年時の，本を読んでもらっていた時期から自分で本を読むようになるまでの移行期間は，子ども自身にとって読書習慣が形成できるかどうかの最初のハードルとなるため，それぞれの発達の状態を見極めながら慎重にサポートしていく必要があると言えるだろう。

(2) 小学生時代

学校での読書指導がもっとも効果を発揮する時期である。読み聞かせだけではなく，ブックトークや読書へのアニマシオン，ストーリーテリング，一斉読書の取り組みなどを活用して，読書習慣の形成に力を入れたい時期である。同時に，家庭でも，本を読んでもらったり，一緒に図書館や書店に行ったりする時期であり，家庭での読書も大きな位置を占める。小学校時代は，家庭と学校との連携も密である時期なので，読書に関しても適切な連携が取れると効果的であろう。

(3) 中高生時代

この時期は，子どもたちが保護者からの自立をし始め，保護者や学校の読書指導が届きにくい時期である。子どもの発達段階としては，自立に向けて保護者や学校の指導や保護から離れようとするのは，望ましいものであるが，読書離れを起こす子どもたちも増える時期であり，何らかの対応が望まれる。もちろん，直接的な図書館サービスや学校の読書指導も重要な意味を持つ。それと同時に，友人やメディアの力を活用することも効果的である。「子供の読書活動の推進等に関する調査研究」によると，高校生が本を読まない理由や読書のきっかけは図13-6～13-9の通りである。

ここから見えてくるのは，次の２点である。

１点目は，高校生になるまでに読書経験を十分に積んできたかどうかで，高校生以降も，ひいては大人になってからも読書習慣を持てるかどうかが変わってくるということである。乳幼児期からの継続的な読書習慣の形成が生涯読者を育てるといっても過言ではない。家庭においても，一緒に本を読む体験を積んできていると，中高生時代になっても共通の話題ができ，家族間のコミュニケーションにも役立つ。

高校生が本を読まない理由は，「他の活動等で時間がなかったから」「他にしたいことがあったから」「ふだんから本を読まないから」が多い。

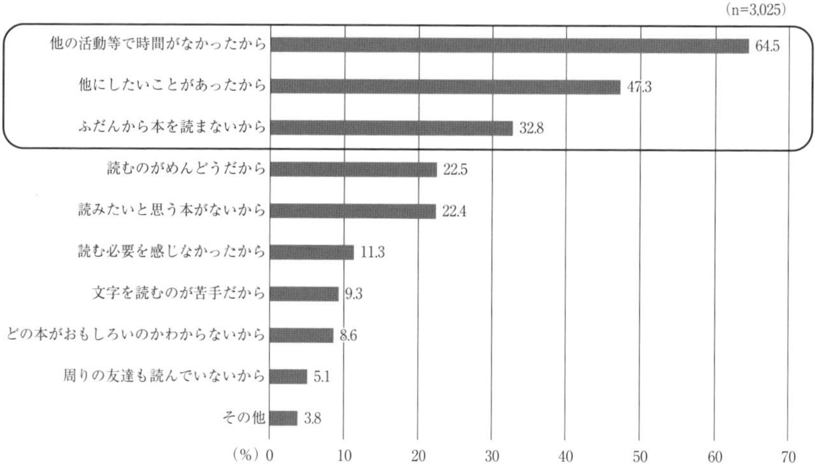

図13－6　高校生が本を読まない理由①

（出典：文部科学省生涯学習政策局青少年教育課「子供の読書活動に関する現状と論点」2017）

「他の活動等で時間がない」高校生は，中学生までの読書量が多く，本が好きである傾向にある一方，「ふだんから本を読まない」高校生は，中学生までの読書量が少なく，本が好きではないという傾向にある。

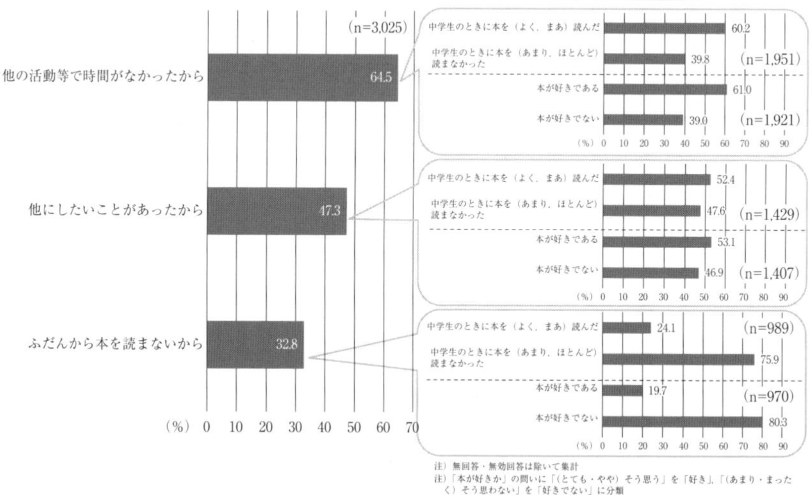

図13－7　高校生が本を読まない理由②

（出典：文部科学省生涯学習政策局青少年教育課「子供の読書活動に関する現状と論点」2017）

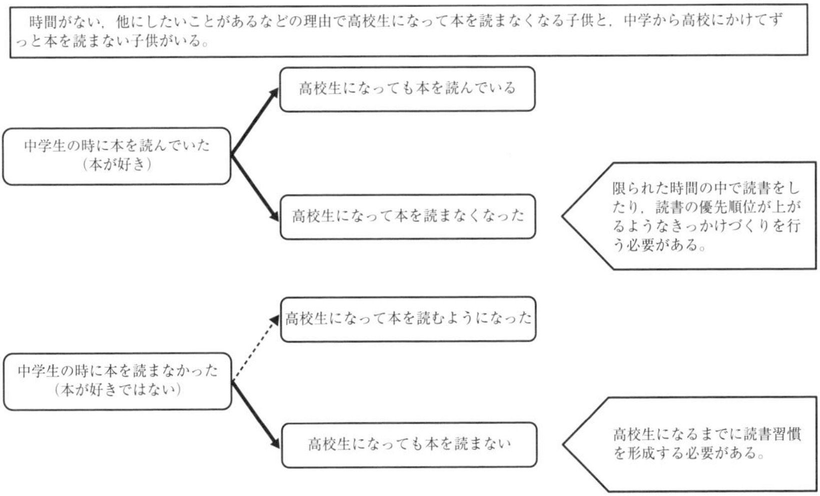

図13－8　高校生が本を読まない理由③
（出典：文部科学省生涯学習政策局青少年教育課「子供の読書活動に関する現状と論点」2017）

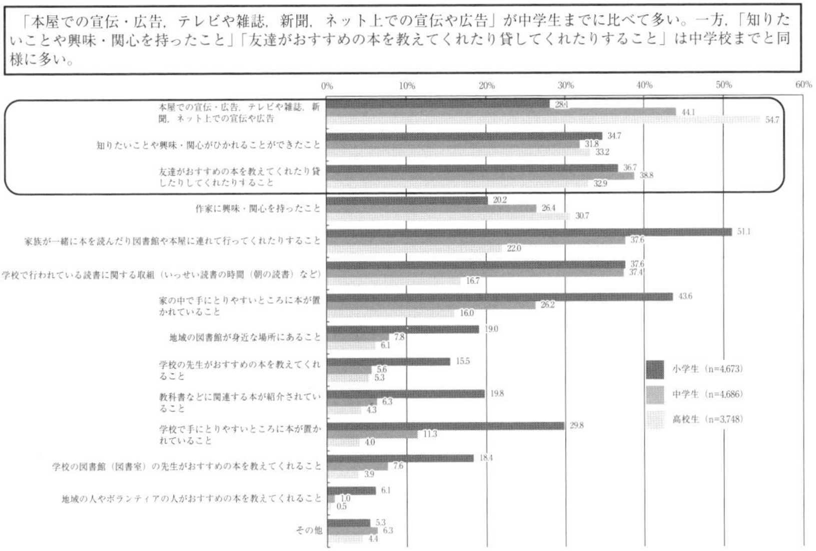

図13－9　高校生が読書をするきっかけ
（出典：文部科学省生涯学習政策局青少年教育課「子供の読書活動に関する現状と論点」2017）

2点目は，友人やメディアの影響が強いことである。友人関係が重要な時期であるだけに，友人との間で本や読書の話題が，スポーツや音楽，映画などの話題と同じように自然に登場するような雰囲気づくりができるとよいのかもしれない。また，メディアもよい手段である。映画やアニメの原作が読むきっかけになることは多いと言われるが，ドキュメンタリーやニュースで，その分野に関心を持つこともあるし，SNSで話題になった本を手に取るケースも増えてきているだろう。さらに，読書習慣のついている場合，本を紹介する番組もよいきっかけになる。

例えば，『100分 de 名著』という番組は，読書好きの中高生に一定の視聴者を持っているらしい。宮沢賢治やモンゴメリなど，比較的よく知られた作家から，ハンナ・アーレントやオルテガなど，いきなり読むのにはハードルが高い作品の作者まで多岐にわたっており，すぐには読まなくても，読むことへのひとつの道しるべになったりもするようである。

直接的な図書館サービスや読書指導にこだわらず，友人やメディアの持つ力を借りることも，方法のひとつであり，積極的に活用していきたいものである。

参考文献

家読推進プロジェクト公式ホームページ．http://uchidoku.com/htdocs/
文部科学省『絵本で子育てを楽しく』2011
BookTrust. Bookstart. https：//www.booktrust.org.uk/

14 公共図書館などの活用

岩崎れい

《目標＆ポイント》 学校図書館は学校教育の一環を担う施設であると同時に，児童生徒が生涯にわたって利用する図書館の一種である。学校教育を支える役割を果たすために公共図書館と連携することも重要であり，また，子どもたちが生涯学習者となるように図書館利用教育をすることも欠かせない。
《キーワード》 1．公共図書館　2．学校図書館　3．連携　4．教育委員会　5．出版文化

1．公共図書館と学校図書館

公共図書館も学校図書館も図書館の館種の一つである。公共図書館は，図書館法のもとに定められた社会教育施設であり，学校図書館は学校図書館法のもとに定められた学校教育施設である。その設置を定めた法律は違うが，図書館としての基本は共通しており，また，学校図書館は教育カリキュラムの中で，子どもたちが生涯学習者となるよう図書館利用教育などをするのに適した機関でもある。

両者が連携する必要のあることは，それぞれの基本理念からも読み取れる。基本として共通するのは，公平利用の原則である。ユネスコ学校図書館宣言には以下のように書いてあり，ユネスコ公共図書館宣言にもほぼ同様の記述がある。

☆　　☆

学校図書館サービスは，年齢，人種，性別，宗教，国籍，言語，職

業あるいは社会的身分にかかわらず，学校構成員全員に平等に提供されなければならない。通常の図書館サービスや資料の利用ができない人々に対しては，特別のサービスや資料が用意されなければならない。

(『ユネスコ学校図書館宣言』1999年 ユネスコ総会批准　長倉美恵子，堀川照代訳)

☆　　　☆

ユネスコ公共図書館宣言では，公共図書館の使命について以下のように記している。

情報，識字，教育および文化に関連した以下の基本的使命を公共図書館サービスの核にしなければならない。

1．幼い時期から子供たちの読書習慣を育成し，それを強化する。
2．あらゆる段階での正規の教育とともに，個人的および自主的な教育を支援する。
3．個人の創造的な発展のための機会を提供する。
4．青少年の想像力と創造性に刺激を与える。
5．文化遺産の認識，芸術，科学的な業績や革新についての理解を促進する。
6．あらゆる公演芸術の文化的表現に接しうるようにする。
7．異文化間の交流を助長し，多様な文化が存立できるようにする。
8．口述による伝承を援助する。
9．市民がいかなる種類の地域情報をも入手できるようにする。
10．地域の企業，協会および利益団体に対して適切な情報サービスを行う。
11．容易に情報を検索し，コンピューターを駆使できるような技能の発達を促す。
12．あらゆる年齢層の人々のための識字活動とその計画を援助し，かつ，それに参加し，必要があれば，こうした活動を発足させる。

（『ユネスコ公共図書館宣言』1994年採択　日本図書館協会訳）

公共図書館においても，読書習慣の形成や学校教育などの正規教育との連携の必要性，リテラシー教育の支援などが重要なサービスの一部となっていることが読み取れる。

ユネスコ学校図書館宣言では，学校図書館サービスの核として，以下の項目を挙げている。

●学校の使命およびカリキュラムとして示された教育目標を支援し，かつ増進する。

●子ども達に読書の習慣と楽しみ，学習の習慣と楽しみ，そして生涯を通じての図書館利用を促進させ，継続させるようにする。

●知識，理解，想像，楽しみを得るために情報を利用し，かつ創造する体験の機会を提供する。

●情報の形式，形態，媒体が，地域社会に適合したコミュニケーションの方法を含めどのようなものであっても，すべての児童生徒が情報の活用と評価の技術を学び，練習することを支援する。

●地方，地域，全国，全世界からの情報入手と，さまざまなアイデア，経験，見解に接して学習する機会を提供する。

●文化的社会的な関心を喚起し，それらの完成を錬磨する活動を計画する。

●学校の使命を達成するために，児童生徒，教師，管理者，および両親と協力する。

●知的自由の理念を謳い，情報を入手できることが，民主主義を具現し，責任ある有能な市民となるためには不可欠である。

●学校内全体及び学校外においても，読書を奨励し，学校図書館の資源やサービスを増強する。

学校図書館が学校教育の一環として機能すること，読書・学習習慣の形成を支援すること，学校内外と連携することなどが明記されている。また，職員についても，「学校図書館は，可能な限り十分な職員配置に支えられ，学校構成員全員と協力し，公共図書館その他と連携して，学校図書館の計画立案や経験に責任がある専門的資格を持つ職員である。」としており，司書教諭はその専門性を発揮して，学校図書館がその機能を果たすために，学校内外と連携する責任があるということでもある。

2. 公共図書館との連携とその課題

(1) 連携に関わる行政施策

学校図書館と公共図書館との連携は，法律や関連する宣言の中にその必要性が述べられている。しかし，全国的にみると，実際にその連携が促進されるようになるのは1990年代以降である。その背景には，いくつかの行政施策が実施されたことが関係しているであろう。

1995～2000年度の間に３回に分けて「学校図書館情報化・活性化推進モデル地域事業」が実施され，学校における情報通信ネットワークの充実がはかられた。2001～2003年度に実施された「学校図書館資源共有型モデル地域事業」では，蔵書情報のデータベース化および学校図書館のネットワーク化による蔵書等の共同利用化を進め，蔵書を効果的に利用した教育実践の在り方などを模索することを目的として，学校図書館資源共有型モデル地域（46地域）を指定し，調査研究を実施するという内容で事業計画が立てられ，子どもの読書活動の推進や司書教諭の配置の促進と共に，学校図書館の充実施策のひとつとして位置づけられた。2004～2006年度には「学校図書館資源共有型モデル地域事業」の廃止に伴う新事業である「学校図書館資源共有ネットワーク推進事業」によって，公共図書館との連携や学校図書館同士の連携による地域連携型ネットワークを推進し，教育活動を充実させることが施策に盛り込まれた。この構想では，資源共有化を基盤に教育方法等の共有をはかっていくために，公共図書館との連携・協力を重視する学校図書館支援センター機能を確立していくことも想定している。2006～2008年度の「学校図書館支援センター推進事業」は，学校図書館間の連携や各学校図書館の運営，地域開放に向けた支援等を行う学校図書館支援スタッフを学校図書館支援センターに配置し，さらに指定地域内の各学校に，支援スタッフと連携・協力の下で諸事務にあたる協力員を配置することによって，学校図書館の機能の充実・強化を図る事業である。2009～2012年度には「学校図書館の活性化推進総合事業」によって，児童生徒の読書習慣の確立や読書指導の充実，最新の学習指導要領に示された図書館利用の学習の実現などのために，公共図書館を中心とする地域との連携による児童生徒の自発的・主体的な学習活動の支援，教員のサポート機能の強化等をはかっている。2014年に学校司書の法制化が行われ，2017年から「第５次学校図書館図書整備５か年計画」が実施されている。

これらの施策は主に学校図書館の発展のために実施されてきているが，生涯学習社会かつ高度情報社会といわれる現代社会において，さまざまな教育施設を融合し，その核となるインテリジェントスクールをつくるという構想の中でも，学校図書館は公共図書館と共に役割を果たすことができる存在となりうるとも考えられる。

(2)　公共図書館との連携の諸段階

では，公共図書館との連携とはどのようなもので，どんな課題を抱えているのであろうか。

現在の連携の多くは，学校図書館の不足の部分を埋めるために行われており，連携よりも学校図書館に対する支援の割合が多い。しかし，今後は，公共図書館の特徴と学校図書館の特徴をそれぞれ生かした連携をめざし，子どもが学校に通っている期間だけではなく，生涯にわたって，読書習慣をもち，また主体的な学習者となるために，より密接な協力の方策を考えていく必要があるだろう。連携にあたっては，現在以下の諸段階がある。

1）初歩的な段階：貧弱な学校図書館資料を公共図書館が補う段階

本来，充足されているべき資料が学校図書館に整備されていない状態であり，不足している資料を，常に団体貸出などの機能を使って公共図書館から借りている状態である場合が，比較的多くみられる。子どもたちが本を読みたいと思ったときに学校図書館で即時借りることができず，また，ブラウジングによって未知の本に出会う機会が得にくいため，子どもたちの読書意欲の向上には適さない状態である。また，授業で資料を使いたいと思っても，同一自治体では，たいていの場合，同一教科書を採用して，同じ順番に単元を進めるため，学校数よりも圧倒的に少ない公共図書館数では，そのニーズに十分こたえることは困難である。この状態は，公共図書館からの一方向の支援であり，まだ連携とはいえない。

2）基本的な学校図書館サービス確立のための連携の段階：人的資源の代替，研修の実施などをしている段階

日本において学校図書館は公共図書館に比べ，資料面でも，人的資源の面でも不十分な点が多い。その学校図書館が発展していく初期段階として，公共図書館が学校図書館サービス向上の支援をするという方法がある。具体的な内容としては主に以下の4点が挙げられる。

1．公共図書館司書の出張による利用指導など。図書館利用指導や，

ブックトークやストーリーテリングなどの読書関連のプログラムを公共図書館司書が行う。学校内にそれをできる専門職がいない場合や司書教諭が軽減なしの兼任発令のため学校図書館に時間が割けない場合などに実施される。

2．担当教師への説明会の実施。児童生徒は，学校図書館を自ら利用するだけではなく，教師の指導を通して，読書をしたり，授業で図書館資料を利用したりすることも多い。しかし，学校内の教師が図書館の利用に慣れているとは限らない。そのため，児童生徒のよりよい学校図書館利用のために，教師への十分な情報提供が有用である。本来であれば，司書教諭の仕事であるが，それができない場合，公共図書館がその支援に入る。

3．司書教諭・学校司書の研修の場の提供。学校図書館は，専門職が１人しかいなかったり，司書教諭が学校図書館に割く時間がほとんどなかったり，学校司書が非常勤であったりして，研修の機会が得にくい実態がある。そのため，研修機会の提供が可能である公共図書館が学校図書館専門職の研修を担当するケースもある。

これらの内容は，まだ連携よりも支援の割合が高いが，学校図書館が充実していくために必要な段階であると言えるだろう。

3）地域レベルでの連携の段階：学校図書館支援センターの設置など

地方自治体の統括による学校図書館支援センターが設置される。このセンターは，教育委員会または公共図書館に設置されることが多い。

1．学校図書館利用の手引き作成

2．学校図書館を活用した指導案の作成

3．モデル授業の実施・授業支援

学校図書館支援センターでは上記の業務が実施されることが多い。学校図書館支援センターでは，学校教育を担当する部局と図書館を担当する部局が密接に関わることができるため，学校図書館の標準化をより適切な形で実施することが可能となる。これは，学校教育に深く関わる学校図書館と公共図書館の連携がある程度成熟した段階である。

例えば，小郡市では子ども読書の街づくり事業の一環として，ブックスタート事業，家読推進プロジェクト，学校図書館支援センターの設置などを実施している。公共図書館と学校図書館で共通のカードを使える小郡市立図書館ネットワークの構築も，連携を進める要素になっている。

学校図書館支援センターでは現在，以下の業務を担当しており，学校図書館間の標準化に役立っていると言えるだろう。

〈小郡市学校図書館支援センターの業務[注1)]〉

- ●学校の要請に応じた参考資料の提供
- ●図書館有効活用のため「図書館利用案内」の発行
- ●資料有効活用のための「図書館利用計画」の配布
- ●化学物セットの提供（平成27年度現在，18セットを準備）
- ●小・中学校教科書セットの提供（国語の教科書で紹介された図書の準備）
- ●小郡市教育機関・学校図書館合同会議（学期毎）視察の企画・開催
- ●学校図書館関係者向け講演会の開催
- ●公共図書館企画の学校が関わる行事への支援
- ●市内全学校の蔵書点検の支援
- ●関係機関との連携への支援
- ●学校図書館に関わる日常的な相談業務
- ●調べ学習等の学習参考図書リストの作成と提供

(3) 公共図書館との連携における課題

現在の学校図書館と公共図書館との連携におけるもっとも大きな課題は，両者の位置づけの違いにもかかわらず，公共図書館が学校図書館の資料不足や人材不足を補う役割を果たしていることである。図書館同士であるため，資料面でもサービス面でもさまざまな連携をしていくことは可能であるが，それはあくまでも，それぞれが独立したサービスを実施できる状態になったうえで可能になることであるといえるだろう。研修も公共図書館が実施する場合，学校教育の一部を担う司書教諭や学校司書の研修が十分できるかどうかを検討していく必要がある。

3. さまざまな連携

(1) 幼小連携，小中連携

小１プロブレムや中１ギャップが社会的な課題となる中で，図書館利用や読書支援に関しても，幼小連携や小中連携の必要性が示されている。就学を控えた年長の子どもたちに，小学校図書館の一日体験をする機会を提供したり，小学校から幼稚園・保育所に出張おはなし会をしたりするなど，子どもたちがスムーズに小学校図書館の利用に移行できるように工夫している自治体もある。また，幼小連携を考えるうえで，図書館単独で考えるのではなく，学校生活にスムーズに移行できるようにする取り組み全体の一環で考える必要があるだろう。また，公共図書館も公的機関また社会教育施設として，この取り組みに協力することができる。

小中連携については，学校図書館間の連携はまだあまり行われていない。2010年代になってから，中学校図書館の改善を図る自治体は急速に増えてきたものの，小学校図書館や高等学校図書館に比べても，資料やサービスの不足の目立つ学校図書館が多く，喫緊の課題であるともいえ

図14－1　米国オハイオ州の公共図書館
（学校で出た読書課題の対象となる本を，公共図書館でも提供）

図14－2　米国オハイオ州の公共図書館
（小学校入学に向けて，スクールバスに慣れるように，バス型の座席を児童サービスコーナーに設置している）

るだろう。

(2) ボランティアとの連携

近年，保護者ボランティアや地域ボランティアは，学校と恒常的な関わりをもつようになっている。このような社会関係資本の重要性は研究上も示唆されている。地域の目が学校に入ってくることは望ましい部分もあるものの，どのような位置づけでかかわってもらうべきであるかは重要な課題であり，図書館専門職や教師の代わりではないことは押さえておくべきポイントである。

(3) 地域との連携

地域との連携は実際にも行われているが，どのように実施しているかは，自治体によってさまざまであり，全国的にみるとまだ試行錯誤の状態にあるといえる。

しかし，2013年に実施された全国学力・学習状況調査結果の分析[注2)]からみると，社会関係資本と呼ばれる地域の力は学力への影響が大きいことが明らかになっている。この分析によると，保護者の社会的経済的地位が高いほど子どもの学力は高いという結果が出ている。具体的には，保護者の社会的経済的背景が高いほど，家庭における読書活動，親子間のコミュニケーション，生活習慣への働きかけなどに差異が見られ，中学生より小学生への影響が大きい。同時に社会関係資本が豊富であるほど子どもの学力向上への影響が大きいことも明らかで，社会関係資本の高さは，保護者の社会的経済的背景の差異を縮小させる効果も持つ。具体的には，保護者に，子育てに関する悩みを相談できる友人等がいることや子どもの教育に関わる地域の住民が多いことが，子どもの学力向上に効果的である。

同様のことは，2015年のPISA調査の結果でも指摘されている。PISAでは学力調査の他に，子ども自身及び保護者へのアンケート調査を実施している[注3]（日本は保護者向けアンケートに不参加）。それによると，学習等に意欲に対する学校生活・家庭環境の影響は大きいという。

大阪府では，2017年から「図書館資源を活用した困難地域等における読書・学習機会提供事業」を実施し，子ども食堂や放課後子ども教室などと連携して，子どもの読書活動を推進する取り組みを始めている。この背景には，家庭環境による影響の差異をできるだけ小さくするように，社会関係資本を活用したいとする考えがある。このような取り組みが進めば，地域との連携によって，家庭環境に困難のあることによって，子どもが被る不利益を軽減することができるであろう。

(4) 書店との連携

書店との連携を行う自治体は増えてきている。例えば，京都市では，2018年に，私立学校の図書館が京都市内の複数の書店とのコラボレーション企画で「we love books 中高生におすすめする司書の本棚」を実施した。また，京都市立図書館は作成したブックリスト「本のもり」（「赤ちゃん編」「幼児編」「小学校低学年編」「小学校中学年編」「小学校高学年編」「中学校編」の6種類）で紹介した本を，ブックリストとともに京都市内の書店の児童書売場で展示した。この2つの企画はたまたま同年に実施されたが，いずれも，図書館と書店は共に出版文化を支える存在であり，協力して子どもたちの読書活動を支援することが望ましいという考えに支えられている。

上記のさまざまな連携の取り組みには，子どもが育つ社会において，文化の一つとして読書をとらえるという視点がある。子どもが読書習慣を身につけることは，子どもたちの世界を広げ，また学びの土台をつくることのできる，重要な権利である。図書館専門職，教師・保育士，保護者，行政，地域の人々の連携によって，その支援を充実させたいものである。

《注》

1）小郡市学校図書館支援センター．業務内容．
http://www.library-ogori.jp/center/shikumi/post.html
2）お茶の水女子大学『平成25年度　全国学力・学習状況調査（きめ細かい調査）の結果を活用した学力に影響を与える要因分析に関する調査研究』2014
3）OECD. PISA 2015 Results（Volume III）Students' Well-Being. 2017

15 司書教諭の役割

岩崎れい

《目標＆ポイント》 学校教育に学校図書館が資するためには，専門職である司書教諭の役割は重要である。学校の教育課程の編成における学校図書館と司書教諭の位置づけを確認するとともに，特に読書支援における司書教諭の専門性を考察する。
《キーワード》 1．司書教諭　2．養成　3．専門性　4．評価

1．司書教諭の役割と現状

(1) 学校図書館法と司書教諭の役割

学校図書館の運営と司書教諭の役割について，学校図書館法には以下のように示されている。

☆　　　　☆

（学校図書館の運営）
第四条　学校は，おおむね左の各号に掲げるような方法によつて，学校図書館を児童又は生徒及び教員の利用に供するものとする。
一　図書館資料を収集し，児童又は生徒及び教員の利用に供すること。
二　図書館資料の分類排列を適切にし，及びその目録を整備すること。
三　読書会，研究会，鑑賞会，映写会，資料展示会等を行うこと。
四　図書館資料の利用その他学校図書館の利用に関し，児童又は

生徒に対し指導を行うこと。

五　他の学校の学校図書館，図書館，博物館，公民館等と緊密に連絡し，及び協力すること。

2　学校図書館は，その目的を達成するのに支障のない限度において，一般公衆に利用させることができる。

（司書教諭）

第五条　学校には，学校図書館の専門的職務を掌らせるため，司書教諭を置かなければならない。

2　前項の司書教諭は，主幹教諭（養護又は栄養の指導及び管理をつかさどる主幹教諭を除く。），指導教諭又は教諭（以下この項において「主幹教諭等」という。）をもつて充てる。この場合において，当該主幹教諭等は，司書教諭の講習を修了した者でなければならない。

3　前項に規定する司書教諭の講習は，大学その他の教育機関が文部科学大臣の委嘱を受けて行う。

4　前項に規定するものを除くほか，司書教諭の講習に関し，履修すべき科目及び単位その他必要な事項は，文部科学省令で定める。

学校図書館法（昭和二十八年法律第百八十五号）

施行日：　平成28年４月１日

最終更新：平成27年６月24日公布（平成27年法律第46号）改正

☆　　☆

司書教諭は，学校図書館の専門的職務を担当し，そのための専門性を身につけなければならないということであり，それについて，『これからの学校図書館担当職員に求められる役割・職務及びその資質能力の向上方策等について（報告）』では，以下のように記されている[注1]。

○司書教諭は，学校図書館の専門的職務をつかさどるための所定の講習を受講し，単位を取得した有資格者として，学校図書館の経営に関する総括，学校経営方針・計画等に基づいた学校図書館を活用した教育活動の企画・実施，年間読書指導計画・年間情報活用指導計画の立案等に従事する。
○また，司書教諭は，学校図書館を活用した授業を実践するとともに，学校図書館を活用した授業における教育指導法や情報活用能力の育成等について積極的に他の教員に助言することが期待されている。
○上記２つの職務は，専門的・長期的観点に立って行うためにも司書教諭が担うことが望ましいが，司書教諭の有資格者が配置されていない場合には，一般の教員が図書館主任として上記の司書教諭の職務を担う。
○学校図書館の経営・運営に関する方針や，利用指導・読書指導・情報活用に関する各種指導計画等は，教育課程とどのように結びつけるのかということが重要である。したがって，一般的には，教育指導に関する専門的知識等を有する司書教諭がその立案・取りまとめに従事し，学校図書館担当職員は，図書館資料とその利活用に関する専門的知識等に基づき，必要な支援を行うという形態が想定されるが，実際には両者は協働して当たることが求められる。

重要なことは，学校図書館における司書教諭は，学校図書館の中でのみ専門職としての役割を果たすのではなく，学校教育全体やカリキュラムを見ながら，その中で，学校図書館がどのような役割を果たすのがよいかを企画立案，実施することである。

(2) 司書教諭の現状

上記の役割を果たすことを求められている司書教諭は，1953年に『学校図書館法』が公布されたときには，すでに職種として明記されていたが，第二次大戦後間もない頃であったこともあり，附則で司書教諭を当分の間置かないことができるという事項が付け加えられ，1997年の学校図書館法改正まで続いたため，司書教諭が専門的職務を掌ることのできる学校図書館は少なかった。1997年には，2003年4月からの司書教諭必置が明記されたものの，義務付けられているのは12学級以上の学校である。そのため，2016年4月時点においても，司書教諭が発令されているのは，小学校68.0%，中学校65.0%，高等学校84.5%，特別支援学校などはさらに低く，すべての学校の発令割合は68.5%に過ぎない。自治体によっては，12学級未満の小規模校にも司書教諭を発令しているが，全国的にみると少なく，まだばらつきがあることは否めない。

しかも，司書教諭が発令されても，授業時数を軽減したり，担任を担当しなくてもよい状態にあったりするとは限らない。2016年4月時点で，司書教諭の授業時数を軽減している学校の割合は12学級以上の学校でわずか11.4%，11学級以下の学校では12.5%である。小学校に限定してみると，12学級以上の小学校10.0%，特別支援学校（小学部）2.4%，11学級以下の小学校11.8%，特別支援学校（小学部）9.4%である。小学校は，クラス担任制によって授業が行われており，授業の軽減をされていないということは，児童が学校にいる時間帯に，司書教諭が学校図書館の仕事をする暇はほとんどない，すなわち司書教諭による図書館サービスは実施することが非常に困難であることを示している。

表15－1　平成28年度の司書教諭の発令状況等

【合計】

		学校数(A)	司書教論発令学校数(B)	発令割合(B/A)	12学級以上の学校の状況					11学級以下の学校の状況				
					12学級以上の学校数(C)	司書教諭発令学校数(D)	発令割合(D/C)	司書教論有資格者数(E)	割合(E/C)	11学級以下の学校数(F)	司書教論発令学校数(G)	発令割合(G/F)	司書教論有資格者数(H)	割合(H/F)
小学校		19,945	13,557	68.0%	11,092	11,017	99.3%	28,108	2.5	8,853	2,540	28.7%	7,620	0.9
中学校		10,255	6,663	65.0%	4,976	4,893	98.3%	9,004	1.8	5,279	1,770	33.5%	3,933	0.7
高等学校		4,927	4,165	84.5%	3,983	3,828	96.1%	8,156	2.0	944	337	35.7%	875	0.9
特別支援学校	小学部	897	530	59.1%	457	424	92.8%	967	2.1	440	106	24.1%	333	0.8
	中学部	893	434	48.6%	296	264	89.2%	392	1.3	597	170	28.5%	395	0.7
	高等部	916	583	63.6%	502	462	92.0%	929	1.9	414	121	29.2%	341	0.8
義務教育学校	前期課程	22	15	68.2%	14	14	100.0%	32	2.3	8	1	12.5%	7	0.9
	後期課程	22	9	40.9%	5	5	100.0%	14	2.8	17	4	23.5%	8	0.5
中等教育学校	前期課程	51	33	64.7%	22	18	81.8%	31	1.4	29	15	51.7%	23	0.8
	後期課程	51	33	64.7%	23	19	82.6%	29	1.3	28	14	50.0%	27	1.0
合計		37,979	26,022	68.5%	21,370	20,944	98.0%	47,662	2.2	16,609	5,078	30.6%	13,562	0.8

		12学級以上の学校の状況				11学級以下の学校の状況			
		負担軽減状況		司書教論が学校図書館を担当している時間数(J)	平均(J/D)	負担軽減状況		司書教論が学校図書館を担当している時間数(L)	平均(L/G)
		授業時数を軽減している学校数(I)	割合(I/D)			授業時数を軽減している学校数(K)	割合(K/G)		
小学校		1,106	10.0%	15,977.2	1.5	299	11.8%	3,521.6	1.4
中学校		625	12.8%	11,081.6	2.3	257	14.5%	5,803.9	3.3
高等学校		626	16.4%	17,714.9	4.6	44	13.1%	1,751.5	5.2
特別支援学校	小学部	10	2.4%	331.7	0.8	10	9.4%	187.1	1.8
	中学部	4	1.5%	192.5	0.7	9	5.3%	219.1	1.3
	高等部	11	2.4%	418.0	0.9	9	7.4%	193.1	1.6
義務教育学校	前期課程	2	14.3%	14.0	1.0	0	0.0%	1.0	1.0
	後期課程	2	40.0%	3.0	0.6	0	0.0%	6.0	1.5
中等教育学校	前期課程	1	5.6%	48.5	2.7	3	20.0%	83.0	5.5
	後期課程	1	5.3%	51.5	2.7	2	14.3%	80.0	5.7
合計		2,388	11.4%	45,832.9	2.2	633	12.5%	11,846.3	2.3

（出典：文部科学省「平成28年度 学校図書館の現状に関する調査結果について」）

(3) 学校司書の法制化

その現状の中で，司書教諭が不在となる学校図書館を開館し，図書館を利用できるようにするために，岡山県をはじめとして，学校司書を自治体あるいはPTAによって配置する学校が登場した。特に岡山県における学校司書配置は早く，1950年には倉敷市でPTA雇用による学校司書が一部の学校に配置され，1964年には玉野市で公費採用が始まり，1969年には岡山市で合併地区を除き，小学校43校，中学校13校に全校配置された[注2)]。

その後，学校司書の配置が増えていくものの，そこには大きな課題があった。ひとつは雇用の不安定性である。公共図書館司書は図書館法に，司書教諭は学校図書館法に，その職が明記されているのに対して，学校司書を明記した法律はなく，どのような専門性を持つべきかという点もはっきりせず，その雇用も不安定であった。それでも配置が増えていく中で，2014年，学校図書館法が改正され，学校司書という名称とどのような職であるかが明記された。また，学校司書養成のモデルカリキュラムも文部科学省によって提示された。

もうひとつの課題は，司書教諭が教育職であるのに対し，学校司書は教育職ではないという点である。そのことは，学校司書が図書館の専門職ではあっても，教員である司書教諭の代わりを務めるものではないことを示している。2014年の学校図書館法の一部を改正する法律案に対する附帯決議（第186回国会衆法第33号 附帯決議）においても，「学校司書の重要性に鑑み，必要な学校司書の配置を進めること」「司書教諭の職務の重要性を踏まえ，十一学級以下の学校における司書教諭の配置の促進を図ること」「司書教諭及び学校司書の職務の在り方について，その実態を踏まえ引き続き検討を行うこと」などが明記されている。学校図書館の専門職の在り方は，今後も引き続き検討が必要となる喫緊の課題である。

2. 司書教諭の専門性養成とその課題

現在，司書教諭の養成は，教職課程に加え学校図書館法施行規則に定められた5科目からなるカリキュラムによって，大学等で実施されている。しかし，実際の業務にあたっては，教育機関で実施される養成教育だけでは不十分であり，司書教諭となってからの研修や自己研鑽も欠かせない。

ここでは，読書活動の指導・支援に関する部分について説明する。文部科学省が提示している「司書教諭の講習科目のねらいと内容」において，子どもの読書活動の支援や指導に関する科目である〈読書と豊かな人間性〉の科目内容には以下の6項目が挙げられている。

①読書の意義と目的
②読書と心の教育（読書の習慣形成を含む）
③発達段階に応じた読書の指導と計画
④児童・生徒向け図書の種類と活用（漫画等の利用方法を含む）
⑤読書の指導方法（読み聞かせ，ストーリーテリング，ブックトーク等）
⑥家庭，地域，公共図書館等との連携

出典：文部科学省「学校図書館司書教諭講習規程の一部を改正する省令について（通知） 別紙2 司書教諭の講習科目のねらいと内容」1998

URL：http://www.mext.go.jp/a_menu/shotou/dokusho/link/1327211.htm

この項目から，司書教諭は，子どもの読書活動の支援・指導において，子どもの発達に読書が及ぼす影響について理解し，そのための読書指導の計画を立て，読書材に関する幅広い知識を持ち，それを使った読書のためのプログラムを実施し，さらに学校内外との連携を取る力が求められていることがわかる。

しかし，司書教諭養成カリキュラムにおいて，この内容のために準備されているのは１科目２単位であり，到底求められている内容を身に着けるには足りない。しかも，司書教諭は通常１校に１人しか配置されず，職場ではいきなり仕事を任される場合も多いのに，司書教諭の発令をされてからの研修も不十分なのが実情である。この現状では，専門職性を広く認知してもらうための実力を発揮することが困難な場合もあり，結果として全国的な司書教諭の専門性を一定の水準に揃えることを難しくしているといえる。

3. 学校評価と図書館評価

⑴ 評価の必要性

司書教諭はすでに述べたように，学校図書館の専門職という位置づけである。しかし，いまだにその認知度は高いとはいえず，どのような専門性が発揮できれば，専門職といえるのかが，時代に合わせて模索され続けている。それを客観的に表す手段の一つが評価の実施である。『IFLA 学校図書館ガイドライン』（初版2002年，改訂版2015年）においても，根拠に基づく実践（evidence-based practice）とそれに基づいた学校図書館の評価を，学校の質の確保につながるようなシステマティックな評価に統合していくことの必要性が主張されている。

近年，学校教育においても評価が求められるようになり，特に2002年以降は文部科学省令によって学校評価が努力義務となった。学校図書館も学校の一機関であり，その対象である。そのため，学校図書館評価は，図書館評価をする際に学校教育の中で果たす役割も観点に入れながら，評価を実施する必要がある。また，図書館自体の評価のためのデータ収集を日ごろからしておき，それをもとに学校評価の際に情報が提供できるように準備しておくことも重要である。

読書に関しては，子ども自身の読書の成果を評価することは難しい点もあるが，そのために学校図書館が行う環境の整備やサービスの提供，学校教育カリキュラムにおける読書指導における学校図書館としての支援などは客観的な評価の項目としていくことができるであろう。

(2) 学校評価

2001年に総合規制改革会議によって出された「規制改革の推進に関する第１次答申」に基づき，2002年４月に施行された文部科学省令による設置基準において，学校は教育活動や学校運営の状況を自己点検・評価し，その結果を公開することが努力義務として求められるようになった。それまでも学校評価は実施されてきたが，今回は特に，評価のための評価ではなく，学校改善のためのマネジメントサイクルに基づき改善実行のための具体的な手段を提供することの重要性と，社会に対する説明責任の必要性が強調された。このような学校評価が重視されるようになった背景には，1980年代半ばに実施されたOECDの教育研究革新センター（CERI：Centre for Educational Research and Innovation）によって行われた国際学校改善プロジェクト（ISIP：International School Improvement Project）の影響がある。このプロジェクトでは，教育目標をより効果的に達成することを目的として，単一または複数の学校における学習条件やそれ以外の学校内部の条件の変化を図る体系的かつ持続的努力をすることが学校改善であると捉えている。評価の目的は，あくまでも学校教育の目標を達成して，児童生徒の学習に，より貢献できるようになったかどうかである。

しかし，現実問題としては，学校評価の実施にはばらつきがあったため，文部科学省は2006年に「義務教育諸学校における学校評価ガイドライン」を策定し，2016年に最終改訂をしている。ガイドラインでは，教育課程・学習指導，キャリア教育（進路指導），生徒指導，保健管理，安全管理，特別支援教育，組織運営，研修（資質向上の取組），教育目標・学校評価，情報提供，保護者・地域住民等との連携，教育環境整備が評価項目として挙げられている。現在は多くの学校がこのガイドラインに沿って，あるいは基に学校評価を実施している。

学校図書館もこの評価項目の中に組み込まれており，学校図書館という用語が明記されている部分，または関連の深い項目が挙げられている部分は以下の通りである。

■教育課程・学習指導

○各教科等の授業の状況

・視聴覚教材や教育機器などの教材・教具の活用

・体験的な学習や問題解決的な学習，児童生徒の興味・関心等に応じた課題学習，補充的な学習や発展的な学習などの個に応じた指導の方法等の状況

・コンピュータや情報通信ネットワークを効果的に活用した授業の状況

○教育課程等の状況

・学校図書館の計画的利用や，読書活動の推進の取組状況

■キャリア教育（進路指導）

・児童生徒の能力・適正等の理解に必要や個人的資料や，進路情報についての収集・活用の状況

■生徒指導

○児童生徒の人格的発達のための指導の状況

・社会の一員としての意識（公平，公正，勤労，奉仕，公共心，公徳心や情報モラルなど）についての指導の状況

■組織運営

・学校の財務運営の状況（県費，市費など学校が管理する資金の予算執行に関する計画，執行・決算・監査の状況等）

■研修（資質向上の取組）

・校内研修・校外研修の実施・参加状況

■教育目標・学校評価

○教育目標の設定と自己評価の実施状況

・目標等を踏まえた自己評価の評価項目の設定の状況

・自己評価の結果の翌年度の目標等の改善への活用状況

■情報提供

・学校に関する様々な情報の提供状況

・児童生徒の個人情報の保護の状況

■保護者，地域住民等との連携

・学校運営へのPTA（保護者），地域住民の参画及び協力の状況

■教育環境整備

○施設・設備

・施設・設備の活用（余裕教室，特別教室等の活用を含む）状況

・設置者と連携した多様な学習内容・学習形態などに対応した整備の状況

・設置者と連携した学校教育の情報化の状況

○教材・教具等

・設置者と連携した教材・教具・図書の整備の状況

他にも関連する項目はあり，学校図書館は，学校評価の際に学校へ必要な情報を提供できるように必要なデータを収集する必要があると共

に，学校図書館自体のサービス向上のために自己評価を行い，それを活用していかなければならない。

(3) 図書館評価

図書館評価のための基準や方法論は数多くあり，従来はサービス評価が中心であったが，1990年代に入ってから，ランカスター（Wilfred F. Lancaster）が図書館評価における経済価値の測定の必要性に着目したり，フッド（Christopher Hood）らによりニュー・パブリック・マネジメント（New Public Management）論が行政学の中で提唱されたりする影響を受けて，図書館も経営的な視点のもとに評価を行うことが増えてきた。この考え方は，JIS 規格に基づく図書館評価や，サービスの質を数値で表すツールとしてマーケティング分野で開発された SERVQUAL をもとに作られた，図書館評価のためのパフォーマンス指標 LibQUAL +などの登場をもたらした。

学校図書館は単体で経営を考えるというよりも，学校経営と不可分であり，学校経営の考え方の下で図書館評価を実施していかなければならないが，同時に図書館としてどのような評価が求められているかも押さえておく必要がある。

ここでは，JIS 規格におけるパフォーマンス指標を参考に学校図書館の評価を考えてみる。JIS 規格における主なパフォーマンス指標の項目として，資源・アクセス・基盤，利用，効率性，発展可能性の 4 項目がある。

資源・アクセス・基盤の項目では，コレクション，アクセス，施設，職員についての指標が挙げられている。学校図書館では，要求タイトルの提供や配架の正確性や開館時間と利用者ニーズとの一致度などの評価が低くなる傾向にある。

利用の項目では，コレクション，アクセス，施設，全般についての指標が挙げられている。学校図書館では，外部利用者やワークステーションに関する点などあまり縁のない項目もあるが，コレクションに関しては改善の必要性が高い。特に，人口当たり貸出数（学校では児童生徒・教職員の数による）や利用されない資料の所蔵率などを計算して，コレクション構築を見直すとよい。

効率性の項目では，コレクション，アクセス，職員，全般についての指標が挙げられている。ここでは，特に職員に関する指標に注目したい。職員の利用者サービス従事率や正答率，職員人件費に関する資料購入費の割合，資料整理における職員の生産性などは，図書館職員の必要性に密接にかかわってくる部分である。

発展可能性の項目では，コレクション，職員，全般についての指標が挙げられている。コレクションに関しては，電子的コレクション提供にかかる経費の割合がメインの指標となっているが，学校図書館においては，電子資料だけではなく，メディアの多様性に欠けるところがあり，その充実に注目したい。職員に関しては，公共図書館や大学図書館に比べ，研修への参加の機会が少ない現状があり，その改善が求められるところである。全般に関しては，特別助成金など，経常収入以外の資金がターゲットとなっており，学校図書館が独自で特別助成金を得る機会はほとんどないものの，各自治体が学校図書館に関する特別予算を一時的に組むことは多いので，その機会を逃さず学校図書館の発展のための指標としたいところである。

他にも，取り組むべき課題は多々あり，図書館自体の発展のための評価は重要であるが，それが常に学校評価の向上，児童生徒の学習成果の向上と結びつくことが最重要課題であり，その視野を忘れぬ評価活動に取り組むことが求められる。

《注》

1）学校図書館担当職員の役割及びその資質の向上に関する調査研究協力者会議「これからの学校図書館担当職員に求められる役割・職務及びその資質能力の向上方策等について（報告）」平成26年３月．p.７－８
http://www.mext.go.jp/b_menu/shingi/chousa/shotou/099/index.htm
2）岡山県 SLA 司書部会「岡山県学校図書館協議会司書部会のあゆみ」2017.
http://okayamasisho.qee.jp/data/haiti_gaiyou/haitigaiyouh29.pdf

付録 1

子どもの読書活動の推進に関する法律

（平成13年12月12日　法律第154号）

（目的）

第 1 条　この法律は，子どもの読書活動の推進に関し，基本理念を定め，並びに国及び地方公共団体の責務等を明らかにするとともに，子どもの読書活動の推進に関する必要な事項を定めることにより，子どもの読書活動の推進に関する施策を総合的かつ計画的に推進し，もって子どもの健やかな成長に資することを目的とする。

（基本理念）

第 2 条　子ども（おおむね18歳以下の者をいう。以下同じ。）の読書活動は，子どもが，言葉を学び，感性を磨き，表現力を高め，創造力を豊かなものにし，人生をより深く生きる力を身に付けていく上で欠くことのできないものであることにかんがみ，すべての子どもがあらゆる機会とあらゆる場所において自主的に読書活動を行うことができるよう，積極的にそのための環境の整備が推進されなければならない。

（国の責務）

第 3 条　国は，前条の基本理念（以下「基本理念」という。）にのっとり，子どもの読書活動の推進に関する施策を総合的に策定し，及び実施する責務を有する。

（地方公共団体の責務）

第 4 条　地方公共団体は，基本理念にのっとり，国との連携を図りつつ，その地域の実情を踏まえ，子どもの読書活動の推進に関する施策を策定し，及び実施する責務を有する。

（事業者の努力）

第5条　事業者は，その事業活動を行うに当たっては，基本理念にのっとり，子どもの読書活動が推進されるよう，子どもの健やかな成長に資する書籍等の提供に努めるものとする。

（保護者の役割）

第6条　父母その他の保護者は，子どもの読書活動の機会の充実及び読書活動の習慣化に積極的な役割を果たすものとする。

（関係機関等との連携強化）

第7条　国及び地方公共団体は，子どもの読書活動の推進に関する施策が円滑に実施されるよう，学校，図書館その他の関係機関及び民間団体との連携の強化その他必要な体制の整備に努めるものとする。

（子ども読書活動推進基本計画）

第8条　政府は，子どもの読書活動の推進に関する施策の総合的かつ計画的な推進を図るため，子どもの読書活動の推進に関する基本的な計画（以下「子ども読書活動推進基本計画」という。）を策定しなければならない。

2　政府は，子ども読書活動推進基本計画を策定したときは，遅滞なく，これを国会に報告するとともに，公表しなければならない。

3　前項の規定は，子ども読書活動推進基本計画の変更について準用する。

（都道府県子ども読書活動推進計画等）

第9条　都道府県は，子ども読書活動推進基本計画を基本とするとともに，当該都道府県における子どもの読書活動の推進の状況等を踏まえ，当該都道府県における子どもの読書活動の推進に関する施策についての計画（以下「都道府県子ども読書活動推進計画」という。）を策定するよう努めなければならない。

2　市町村は，子ども読書活動推進基本計画（都道府県子ども読書活動推進計画が策定されているときは，子ども読書活動推進基本計画及び都道府県子ども読書活動推進計画）を基本とするとともに，当該市町村における子どもの読書活動の推進の状況等を踏まえ，当該市町村における子どもの読書活動の推進に関する施策についての計画（以下「市町村子ども読書活動推進計画」という。）を策定するよう努めなければならない。

3　都道府県又は市町村は，都道府県子ども読書活動推進計画又は市町村子ども読書活動推進計画を策定したときは，これを公表しなければならない。

4　前項の規定は，都道府県子ども読書活動推進計画又は市町村子ども読書活動推進計画の変更について準用する。

（子ども読書の日）

第10条　国民の間に広く子どもの読書活動についての関心と理解を深めるとともに，子どもが積極的に読書活動を行う意欲を高めるため，子ども読書の日を設ける。

2　子ども読書の日は，4月23日とする。

3　国及び地方公共団体は，子ども読書の日の趣旨にふさわしい事業を実施するよう努めなければならない。

（財政上の措置等）

第11条　国及び地方公共団体は，子どもの読書活動の推進に関する施策を実施するため必要な財政上の措置その他の措置を講ずるよう努めるものとする。

附　則

この法律は，公布の日から施行する。

子どもの読書活動の推進に関する法律案に対する附帯決議（衆議院）

政府は，本法施行に当たり，次の事項について配慮すべきである。

一　本法は，子どもの自主的な読書活動が推進されるよう必要な施策を講じて環境を整備していくものであり，行政が不当に干渉することのないようにすること。
二　民意を反映し，子ども読書活動推進基本計画を速やかに策定し，子どもの読書活動の推進に関する施策の確立とその具体化に努めること。
三　子どもがあらゆる機会とあらゆる場所において，本と親しみ，本を楽しむことができる環境づくりのため，学校図書館，公共図書館等の整備充実に努めること。
四　学校図書館，公共図書館等が図書を購入するに当たっては，その自主性を尊重すること。
五　子どもの健やかな成長に資する書籍等については，事業者がそれぞれの自主的判断に基づき提供に努めるようにすること。
六　国及び地方公共団体が実施する子ども読書の日の趣旨にふさわしい事業への子どもの参加については，その自主性を尊重すること。

付録 2

読み聞かせ団体等による著作物の利用について

－お話会でも，作者の許可がいるの？－

（児童書四者懇談会　2017）

近年，各地で子どもたちを対象とした読み聞かせやペープサート，パネルシアターなどの上演が盛んになっています。その際に，絵本や童話作品が使われていますが，これらの作品に作者の著作権がはたらいていることは意外に意識されていません。

「著作権」とは，作品に付随する諸権利がそれぞれの著作権者（多くの場合，イコール作者ですが，故人の場合は遺族などが著作権を引き継ぎます）のものであることを認めたもので，これを法的に制度化したものが「著作権法」です。著作権には，作者がそこから経済的な利益を受けることができる「財産権」と，本人の意思に反して改変されたりしないなどという「著作者人格権」があります。

ボランティアによる朗読会や上演会の場合などでも，入場料を取るなどの場合は作者の許諾が必要ですし，お金が介在しない場合でも著作者人格権との関わりで，作者の了解が求められるケースが少なくありません。

著作者にとって自分たちが作り上げた作品が，さまざまな形で子どもたちのもとに届けられるのはうれしいことです。わたしたち児童書の作者と出版社では，そうした場での著作権の取り扱いがスムーズに運用されることを願って，このたび簡単な手引きを作成しました。絵本や児童文学作品の作り手と渡し手が，共に手を携えて作品世界の楽しさを子どもたちの心に届けられるよう，この手引きを活用されることを願っています。

2006年５月

旧　児童書四者懇談会／参加団体
（現：児童書出版者・著作者懇談会）
日本児童出版美術家連盟
日本児童文学者協会
日本児童文芸家協会
日本書籍出版協会児童書部会

日本書籍出版協会
TEL　03（3268）1303
http://jbpa.or.jp/

「お話会・読み聞かせ団体等による著作物の利用について」

■下記の場合は，著作権者に無許諾で利用できます。

著　作　物	著作権の内容等	著作権法
A. 保護期間の過ぎた著作物	●公有（public domain）といわれる。国民の財産とされ，無許諾で使える。	51～58条
1．日本人の著作物	●著作者の死後70年経過（死去の翌年の１月１日起算）すれば公有が原則。団体名義のものは公表後70年。	51条 53条
2．外国人の著作物	●海外著作物も日本の著作物と同様の保護がされているが（死後50年原則），原著作者の他，翻訳者の二次的著作権がある場合が多いので注意が必要。また，第二次大戦前，大戦中刊行の連合国の著作物には戦時加算が最大約11年加算されるため，保護期間が長くなっているものもあり注意が必要。	58条
B. 保護の対象にならない著作物	●憲法その他の法令など，著作物であっても国民に広く開放して利用されるものは，著作権法上の保護を受けない。	13条
C.「著作権の制限」規定により例外的に無許諾で利用できるもの（お話会等に関係するもののみ）	●著作物の利用には著作権者の許諾を得るのが原則だが，全てに適用すると，文化的所産である著作物の円滑な利用を妨げることになるため，例外的に著作権者の権利を制限して，著作権者に無断で著作物を利用できるルール。	30～49条
1．私的使用のための複製	●家庭内など限られた場所における少部数の複製は許されている。	30条
2．図書館等における複製	●図書館内において著作物の一部分のコピーを，１人につき１部提供すること。	31条
3．学校その他の教育機関における複製	●担任，授業を受ける者は授業に使う場合に限り，コピーすることができるが，部数及び態様が著作権者の不利益になるときは，この限りでない。	35条
4．点字による複製等	●営利・非営利にかかわらず，公表された著作物は点字により複製できる。	37条
5．視覚障がい者等のための複製等	●図書館，盲学校などでの視覚障がい者等のための録音・テキスト化等は認められている。ただし，同じ形式で作成されたものが市販されている場合や作成したものを他の目的で使うことは許されない。	37条3
6．非営利の上演等（上演，演奏，上映，口述，読み聞かせ等）	●営利を目的とせず，かつ観客から料金を受けず，かつ実演・口述する人（児童書を朗読する人）に報酬が支払われない場合に限り無許諾で利用できる。 ★なお，本手引きにおいては，実演・口述する人への交通費等の支払い，ボランティアの交通費・昼食代および資料費，会場費等のお話会の開催にかかわる経費に充当するために観客から料金を受ける場合は，無許諾で利用できることとします。	38条
7．引用	●公表された著作物は，公正な慣行（引用される部分が「従」で自ら作成する著作が「主」であること，引用文であることを明確に区分できること，出所の明示等）に合致した形であり，報道，批評，研究その他引用の目的上正当な範囲内であれば，引用することができるが，争いになることの多い微妙な部分もあるので要注意！	32条
以上の「著作権の制限」により無許諾で利用できる場合でも，変形・翻案しての使用は原則として許諾が必要 （1．私的使用のための複製，3．学校その他の教育機関における複製，を除く）。 ★右ページの「A」を参照ください。		50条 43条

■営利の場合の著作物の利用は，全て著作権者の許諾が必要です。また，支払いも生じます。（出版社の許諾を要する場合もあります。）

➡出版社へ連絡　➡著作権者・出版社（条件交渉の後）の許諾を得る。

■下記の場合は，非営利でも著作権者の許諾が必要です。

利用形態	著作の内答等	対　応	著作権法
A 1．絵本・紙芝居の拡大使用（複製を伴う場合） 2．ペープサート　3．紙芝居 4．さわる絵本　5．布の絵本 6．エプロンシアター 7．パネルシアター 8．人形劇　9．パワーポイント 10．その他，いかなる形態においても絵や文章を変形して使用すること 11．読み聞かせ動画の配信	●これらは全て原本に改変を加えて利用（二次的使用）するもので，著作者人格権（同一性保持権，名誉・声望を害されない等）に抵触。著作者の許諾を要す。 絵本等の拡大使用は，出版権に抵触することもあり，出版社の許諾を要する場合がある。	⇄ 出版社（窓口）へ連絡 ⇅ 著作権者・出版社の許諾を得る	18〜21条 113条6
B 表紙以外の本文画の使用（ウェブサイト，ブックリスト等）	●表紙以外の本文画を使用する場合は，引用にあたる場合を除き著作権者の許諾を要す。 著作権者へ支払いが生ずることもある。 ★ブックリスト，図書館内のお知らせ，書評等（ウェブサイト上含む）に，表紙をそのまま使用する場合は，商品を明示しているものとみなされ慣行上無許諾で使用できる（それ以外の表紙使用は要許諾）。 表紙写真に加え，作品名・著作者名（作・文・絵・写真など）・出版社名を必ず一体表記すべき。	⇄ 出版社（窓口）へ連絡 ⇅ 著作権者の許諾を得る	21条
C その他	●ウェブサイト，教育委員会・人権団体等のパンフレット等に文章や絵を使用する場合は，引用にあたる場合を除き，著作権者の許諾を要す。 著作権者へ支払いが生ずることもある。	⇄ 出版社（窓口）へ連絡 ⇅ 著作権者の許諾を得る	21条

付録3

子供の読書活動の推進に関する基本的な計画（第四次）

平成30年4月

—目次—

はじめに

子供の読書活動は，言葉を学び，感性を磨き，表現力を高め，創造力を豊かなものにし，人生をより深く生きる力を身に付けていく上で欠くことのできないものであり，社会全体で積極的にそのための環境の整備を推進していくことは極めて重要である。

平成13年に「子どもの読書活動の推進に関する法律」(平成13年法律第154号。以下「推進法」という。）が成立した。推進法は，「子どもの読書活動の推進に関し，基本理念を定め，並びに国及び地方公共団体の責務等を明らかにする」とともに，国が「子どもの読書活動の推進に関する基本的な計画」（以下「基本計画」という。）を策定・公表すること，４月23日を「子ども読書の日」とすること等を定めることにより，「子どもの読書活動の推進に関する施策を総合的かつ計画的に推進し，もって子どもの健やかな成長に資する」ことを目的としている。

また，推進法第８条第１項の規定に基づき，政府は，平成14年８月に，全ての子供があらゆる機会とあらゆる場所において自主的に読書活動を行うことができるよう，環境の整備を積極的に推進することを基本理念とする最初の基本計画（「第一次基本計画」）を定め，家庭，地域，学校等の連携・協力を重視した施策に取り組んだ。その後，平成20年３月には第二次基本計画，平成25年５月には第三次基本計画を定めた。

第三次基本計画期間中においては，学校図書館法（昭和28年法律第185号）の改正，学習指導要領の改訂等，子供の読書活動に関連する法制上の整備がなされ，家庭，地域，学校等において様々な取組が行われてきた。一方，依然として読書習慣の形成が十分でないなどの課題があるほか，情報通信手段の普及・多様化等，子供の読書活動を取り巻く環境の変化も見られる。

第三次基本計画期間における成果や課題，諸情勢の変化等を検証した上で，ここに新たな「子供の読書活動の推進に関する基本的な計画」(「第四次基本計画」。以下「本計画」という。）を定めることとする。

本計画は，今後おおむね５年間にわたる施策の基本的方針と具体的な方策を明らかにするものである。なお，本計画中の数値目標は，子供の読書活動の推進に必要と考えられる施策を行う上での取組の目安として掲げるものであり，都道府県又は市（特別区を含む。以下同じ。）町村に対して，数値目標の達成について特段の施策の実施を義務付けるものではない。

第1章　第三次基本計画期間における子供の読書活動に関する状況

Ⅰ　子供の読書活動に関する取組の現状

1　家庭・地域における取組[1]

(1)　図書館数が漸増しており過去最高となった（平成23年：3,274館，平成27年：3,331館）。

(2)　児童室を有する図書館が増加した（平成23年：2,059館，平成27年：2,119館）。

(3)　児童用図書の貸出冊数[2]が増加した（平成22年度：約1億7,956万冊，平成26年度：約1億8,773万冊）。

(4)　読み聞かせ等を行うボランティア登録制度を設けている図書館が漸増している（平成23年：2,311館，平成27年：2,316館）。

(5)　子供が主体的に読みたい本を選択するための有効な手段であるオンライン閲覧目録（OPAC）[3]導入率が上昇した（平成23年：87.0%，平成27年：88.8%）。

2　学校等における取組[4]

(1)　全校一斉の読書活動を行う学校の割合が増加した（平成24年：小学校96.4%，中学校88.2%，高校40.8%，平成28年：小学校97.1%，中学校88.5%，高校42.7%）。

(2)　司書教諭の発令は，12学級以上のほとんどの学校で行われている（平成24年：小学校99.6%，中学校98.4%，高校95.9%，平成28年：小学校99.3%，中学校98.3%，高校96.1%）。なお，11学級以下の学校においては発令が増加傾向にある（平成24年：小学校23.9%，中学校

1　数値は，平成23年度「社会教育調査」（文部科学省），平成27年度「社会教育統計」（文部科学省）から。なお，平成27年度から統計名称「社会教育調査」が「社会教育統計」に変更された。

2　平成20年度調査までは「児童の貸出冊数」を調査していたが，図書館のシステム化の影響により児童が借りた貸出冊数が把握できない図書館があることから，平成23年度以降の調査では「児童用図書の貸出冊数」を調査。

3　OPAC（Online Public Access Catalog）：利用者が図書館の蔵書資料を検索するために用いるコンピューター化された目録。利用者が直接端末機からオンラインで図書館のコンピューターと接続し，蔵書データベースを検索できる。

4　(1)から(3)の数値は，平成24・28年度「学校図書館の現状に関する調査」（文部科学省）から。(4)の数値は，2006年，2009年，2012年及び2015年「生徒の学習到達度調査」（OECD）から，平均得点及びOECD加盟国中の順位を記載。

27.4%，高校25.3%，平成28年：小学校28.7%，中学校33.5%，高校35.7%）。

(3) 学校司書を配置する学校の割合が小学校，中学校においては増加傾向にある（平成24年：小学校47.8%，中学校48.2%，高校67.7%，平成28年：小学校59.2%，中学校58.2%，高校66.6%）。

(4) 我が国の子供の読解力は，国際的に見て上位となっている一方で，直近の2015年調査では2012年調査と比較して読解力の平均得点が有意に低下している（2006年調査：498点・12位／30か国，2009年調査：520点・５位／34か国，2012年調査：538点・１位／34か国，2015年調査：516点・６位／35か国）。

Ⅱ　子供の読書活動を取り巻く情勢の変化

1　学校図書館法の改正等

平成26年に学校図書館法の一部を改正する法律（平成26年法律第93号。以下「改正法」という。）が成立し，専ら学校図書館の職務に従事する職員として学校司書の法制化がなされるとともに，学校司書への研修等の実施について規定された。加えて，改正法附則第２項において「国は，学校司書の職務の内容が専門的知識及び技能を必要とするものであることに鑑み，…（略）…学校司書としての資格の在り方，その養成の在り方等について検討を行い，その結果に基づいて必要な措置を講ずるものとする。」と規定された。

これを踏まえ，文部科学省に設置された「学校図書館の整備充実に関する調査研究協力者会議」において，学校図書館の運営に係る基本的な視点や学校司書の資格・養成等の在り方について検討が行われ，平成28年10月に「これからの学校図書館の整備充実について（報告）」が取りまとめられた。

これを受け，文部科学省において，学校図書館の整備充実を図るため，学校図書館の運営上の重要な事項について，教育委員会や学校等にとって参考となるよう，その望ましい在り方を示す「学校図書館ガイドライン」及び学校司書に求められる知識・技能を整理した上で，それらの専門的知識・技能を習得できる望ましい科目・単位数等を示す「学校司書のモデルカリキュラム」を作成した。

また，平成20年6月に図書館法（昭和25年法律第118号）が改正され，学習成果を活用して行う教育活動の機会提供を図書館が行う事業に追加，図書館の運営状況に関する評価及び改善並びに情報提供に努める規定の整備，司書及び司書補の資格要件の見直し，文部科学大臣及び都道府県教育委員会が司書等の資質向上のために必要な研修の実施に努める規定の整備等が行われた。

平成24年12月に告示された「図書館の設置及び運営上の望ましい基準」[5]（以下「望ましい基準」という。）に対する各公立図書館の対応等については，平成27年度に「公立図書館の実態に関する調査研究」[6]（文部科学省）を行い，平成28年3月に報告書が取りまとめられた。

2　学習指導要領の改訂等

「幼稚園，小学校，中学校，高等学校及び特別支援学校の学習指導要領等の改善及び必要な方策等について（答申）」(平成28年12月21日）においては，全ての教科等における資質・能力の育成や学習の基盤となる言語能力の向上が求められるとともに，言語能力を向上させる重要な活動の一つとして，読書活動の充実が求められている。

この答申を踏まえ，学習指導要領等が改訂され，平成29年3月31日に幼稚園教育要領，小学校及び中学校学習指導要領が公示され，また，平成30年3月30日に高等学校学習指導要領が公示されたところである。

小学校，中学校及び高等学校の新学習指導要領においては，言語能力の育成を図るために，各学校において必要な言語環境を整えるとともに，国語科を要としつつ各教科等の特質に応じて，言語活動を充実することや，学校図書館を計画的に利用しその機能の活用を図り，児童生徒の自主的，自発的な読書活動を充実することが規定されている。

また，新幼稚園教育要領では，引き続き，幼児が絵本や物語等に親しむ

5　平成20年6月の図書館法改正のほか，社会の変化や図書館に対する新たな課題への対応の必要性を受け，従来の「望ましい基準」が全部改正された。

6　生涯学習の視点から全国の公立図書館の実態を調査。事業の実施等に関する基本的な運営の方針の策定，適切な指標の選定・目標の設定，事業計画の策定という体系的な図書館の管理運営，点字資料・録音図書の提供や障害者サービス担当者の配置等について対応が望まれる実態が明らかになった。

こととしており，それらを通して想像したり，表現したりすることを楽しむこと等としている。

3　情報通信手段の普及・多様化[7]

近年の情報通信手段の普及は，子供の読書環境にも大きな影響を与えている可能性がある。例えば，児童生徒のスマートフォンの利用率は年々増加しており（平成26年度：小学生17.1％，中学生41.9％，高校生90.7％，平成27年度：小学生23.7％，中学生45.8％，高校生93.6％，平成28年度：小学生27.0％，中学生51.7％，高校生94.8％，平成29年度：小学生29.9％，中学生58.1％，高校生95.9％），個人が所有する通信ゲームやパソコン等も以前にも増して子供たちの身近に存在するようになっている。また，SNS（ソーシャルネットワーキングサービス）等情報通信手段（コミュニケーションツール）の多様化も近年の特徴である。

第2章　基本的方針

Ⅰ　子供の読書活動に関する課題

子供は，読書を通じて，読解力や想像力，思考力，表現力等を養うとともに，多くの知識を得たり，多様な文化を理解したりすることができるようになる。また，文学作品に加え，自然科学・社会科学関係の書籍や新聞，図鑑等の資料[8]を読み深めることを通じて，自ら学ぶ楽しさや知る喜びを体得し，更なる探究心や真理を求める態度が培われる。

近年，生産年齢人口の減少，グローバル化の進展や絶え間ない技術革新により，社会構造や雇用環境は大きく，また急速に変化し，予測が困難な時代になっている。子供たちには，様々な変化に積極的に向き合い，他者と協働して課題を解決していくことや，様々な情報を見極め新たな価値につなげていくこと，複雑な状況変化の中で目的を再構築できるようにすることが求められている。

一方，情報通信技術（ICT）を利用する時間は増加傾向にある。あらゆる分野の多様な情報に触れることがますます容易になる一方で，視覚的な情報と言葉の結び付きが希薄になり，知覚した情報の意味を吟味したり，文章の構造や内容を的確に捉えたりしながら読み解くことが少なくなって

7　数値は，平成29年度「青少年のインターネット利用環境実態調査」（内閣府）から。

8　電子書籍等の情報通信技術を活用した読書も含む。

いるのではないかとの指摘もある。

このような状況にあって，現在，学習指導要領等の改訂や高大接続改革が行われているところである。その中で，読書活動は，精査した情報を基に自分の考えを形成し表現するなどの「新しい時代に必要となる資質・能力」を育むことに資するという点からも，その重要性が高まっていると考えられる。

第三次基本計画においては，子供の不読率（1か月に一冊も本を読まない子供の割合であり，平成24年度には小学生4.5%，中学生は16.4%，高校生は53.2%であった[9]。）をおおむね5年後に小学生3%以下，中学生12%以下，高校生40%以下とし，10年間で半減させる（平成34年度に小学生2%以下，中学生8%以下，高校生26%以下とする）ことを目標としていた。本目標下において，平成29年度の不読率は小学生5.6%，中学生15.0%，高校生50.4%であった[9]。

年により不読率の数値に変動はあるものの，これまで中学生の時期までの子供については各地域で様々な読書活動の推進に関する取組が行われてきたこともあり，小学生と中学生の不読率は中長期的には改善傾向[10]にある。一方で，高校生の不読率は依然として高い状況にある。また，いずれの世代においても，第三次基本計画で定めた進度での改善は図られていないことから，各世代に関して，効果的な取組を進めることが重要である。

Ⅱ　子供の読書活動に関する課題の分析と取組の方向性

子供の読書活動の重要性が高まっていることや，学校段階により子供の読書活動の状況に差があることに留意しながら，本計画期間においては，乳幼児期から，子供の実態に応じて，子供が読書に親しむ活動を推進していく必要がある。

特に高校生の不読率が高いことを受けて行った文部科学省の調査研究によると，読書を行っていない高校生は，中学生までに読書習慣が形成されていない者と，高校生になって読書の関心度合いが低くなり本から遠ざかっている者に大別されると考えられる[11]。

このような現状を改善するために，前者には発達段階に応じて読書し読書

9　第63回「学校読書調査」（公益社団法人全国学校図書館協議会及び株式会社毎日新聞社）
10　平成12年度には小学生16.4%，中学生は43.0%，高校生は58.8%
11　平成28年度「子供の読書活動の推進等に関する調査研究」（文部科学省）

を好きになる，つまり読書習慣の形成を一層効果的に図る必要があり，後者には読書の関心度合いが上がるような取組を推進する必要がある。

前者については，子供が発達段階に応じて読書習慣を身に付けることができるよう，乳幼児期からの読書活動が重要であることを踏まえつつ，発達段階ごとの特徴を考慮した効果的な取組を実施することが重要である。

後者については，勉強する時間やメディアを利用する時間が高校生の放課後の時間の多くを占めている実態がある[12]ことに鑑みると，高校生の時期の子供が多忙の中でも読書に関心を持つようなきっかけを作り出す必要がある。その方法としては，高校生の時期の子供は，友人等同世代の者から受ける影響が大きい傾向がある[11]ことから，友人等からの働き掛けを伴う，子供同士で本を紹介するような取組の充実が有効であると考えられる。

このように，子供の読書への関心を高めるために，国，都道府県，市町村は，子供の実態やそれを取り巻く状況の変化を踏まえ，取組の充実・促進を図ることが望まれる。

なお，スマートフォンの普及や，それを活用したSNS（ソーシャルネットワーキングサービス）等コミュニケーションツールの多様化等，子供を取り巻く情報環境が大きな変化を見せており，これらは，子供の読書環境にも大きな影響を与えている可能性がある。これらについて，国は，本計画の実施期間中にこうした読書環境の変化に関する実態把握とその分析等を行う必要がある。

都道府県や市町村においては，このような方向性を踏まえつつ，子供の読書活動の推進が家庭，地域，学校等を通じた社会全体で取り組まれるよう，必要な体制を整備するとともに，推進法第９条第１項に規定する「都道府県子ども読書活動推進計画」（以下「都道府県推進計画」という。）及び推進法第９条第２項に規定する「市町村子ども読書活動推進計画」（以下「市町村推進計画」という。）の策定又は見直しを行うことが望まれる。

また，子供の読書活動に関する理解や関心を高めるとともに，子供が読書に親しむ様々な機会を提供するなど，子供の自主的な読書活動を推進することに大きく寄与している民間団体の活動に対する支援が行われることが重要である。

そのほか，読書活動についての関心と理解を深め，取組の更なる充実を図

---

12 「第２回放課後の生活時間調査―子どもたちの24時間―ダイジェスト版」（2015年ベネッセ教育総合研究所）

るため，優良事例の紹介等の普及啓発活動が行われることが重要である。

第3章　子供の読書活動の推進体制等

Ⅰ　市町村の役割　（略）

Ⅱ　都道府県の役割　（略）

Ⅲ　国の役割

国は，本計画に基づく施策を推進するため，関係府省庁間相互の密接な連携を図るとともに，都道府県及び市町村相互の連携の更なる強化を図る。

国は，国民の間に広く子供の読書活動についての関心と理解を深めるために，都道府県，市町村，民間団体等と連携し，「子ども読書の日」等の全国的な普及啓発の推進や，優れた取組の奨励を図る。

国は，都道府県が市町村への支援等子供の読書活動を推進するに当たって必要な支援を行う。具体的には，子供や子供の読書活動に関する現状のデータ，優良事例（読書に関わる主体の連携による取組，子供同士の取組，教員研修等）等の情報を収集・分析・提供するとともに，必要な助言を行う。なお，スマートフォンの普及や，それを活用したSNS（ソーシャルネットワーキングサービス）等コミュニケーションツールの多様化等，子供を取り巻く情報環境が大きな変化を見せており，これらは，子供の読書環境にも大きな影響を与えている可能性がある。スマートフォン利用の長時間化により読書活動の時間が減少している可能性や，これを活用した読書活動の推進や言語活動の充実方策について，国は，本計画の実施期間中に詳細な実態把握とその分析を行う。

第三次基本計画においては，子供の不読率及び市町村推進計画の策定率について数値目標を設定していたが，本計画期間においてもこの達成を引き続き目指すこととする。つまり，子供の不読率を平成34年度に小学生２％以下，中学生８％以下，高校生26％以下とし，市町村推進計画の策定率を市100％，町村70％以上とすることを目指す。

国は，本計画に掲げられた各種施策を実施するため，必要な財政上の措置を講ずるよう努めるとともに，都道府県及び市町村が地域の実情に応じて自主的に実施する子供の読書活動の推進に関する施策のための費用について，必要な財政上の措置を講ずるよう努める。その際，本計画に掲げられた各種施策について，目的と手段を十分見極め，最小の経費で最大の効果を上げる観点から，有効性を検証するよう努める。

国は，これらの施策の効果について点検及び評価を行い，必要に応じて施策を見直す。

第４章　子供の読書活動の推進方策

Ⅰ　発達段階に応じた取組

読書を行っていない高校生の中には，中学校までに読書習慣が形成されていない傾向も見られることから，生涯にわたって読書に親しみ，読書を楽しむ習慣を形成するためには，乳幼児期から発達段階に応じた読書活動が行われることが重要である。

このためには，読書に関する発達段階ごとの特徴として例えば以下のような傾向があるとの指摘[16]を踏まえつつ，乳幼児，児童，生徒の一人一人の発達や読書経験に留意し，家庭，地域，学校において取組が進められることが重要である。また，学校種間の接続期において生活の変化等により子供が読書から遠ざかる傾向にあることに留意し，学校種間の連携による切れ目のない取組が行われることが重要である。

①　幼稚園，保育所等の時期（おおむね６歳頃まで）

乳幼児期には，周りの大人から言葉を掛けてもらったり乳幼児なりの言葉を聞いてもらったりしながら言葉を次第に獲得するとともに，絵本や物語を読んでもらうこと等を通じて絵本や物語に興味を示すようになる。さらに様々な体験を通じてイメージや言葉を豊かにしながら，絵本や物語の世界を楽しむようになる。

②　小学生の時期（おおむね６歳から12歳まで）

低学年では，本の読み聞かせを聞くだけでなく，一人で本を読もうとするようになり，語彙の量が増え，文字で表された場面や情景をイメージするようになる。

中学年になると，最後まで本を読み通すことができる子供とそうでない子供の違いが現れ始める。読み通すことができる子供は，自分の考え方と

16 「子供の読書活動推進に関する有識者会議論点まとめ」（平成30年３月）

比較して読むことができるようになるとともに，読む速度が上がり，多くの本を読むようになる。

高学年では，本の選択ができ始め，その良さを味わうことができるようになり，好みの本の傾向が現れるとともに読書の幅が広がり始める一方で，この段階で発達がとどまったり，読書の幅が広がらなくなったりする者が出てくる場合がある。

③　中学生の時期（おおむね12歳から15歳まで）

多読の傾向は減少し，共感したり感動したりできる本を選んで読むようになる。自己の将来について考え始めるようになり，読書を将来に役立てようとするようになる。

④　高校生の時期（おおむね15歳から18歳まで）

読書の目的，資料の種類に応じて，適切に読むことができる水準に達し，知的興味に応じ，一層幅広く，多様な読書ができるようになる。

Ⅱ　家庭における取組　（略）

Ⅲ　地域における取組　（略）

1　図書館　（略）

2　その他

(1)　国立国会図書館

国立国会図書館「国際子ども図書館」では，納本制度による児童・青少年用図書等の収集・保存，外国の児童・青少年用図書等の広範な収集，関連資料の収集・保存を行うほか，公立図書館や大学図書館に対する支援や「学校図書館セット貸出し」事業等の学校図書館に対する支援を行っている。

また，「国際子ども図書館」は，インターネットによる児童・青少年用図書等に係る各種情報の提供，全国の図書館職員に対する講座の実施，講師の派遣等を行うとともに，情報交換の場の提供等を通じて全館種を対象とした図書館協力を進めるなど，「児童書のナショナルセンター」としての役割を担っている。このため，「国際子ども図書館」は，図書館，学校図書館等との連携・協力を推進する。

⑵ 大学図書館

子供の読書活動を推進する上で，大学図書館が有する知見や資料を活用することは有効である。このため，大学図書館は一般開放や所蔵資料の図書館への貸出し等，地域や図書館と大学図書館の連携・協力を推進する。

⑶ 公民館図書室等

公民館図書室等は，身近な読書活動を行う施設として機能していることも多いことから，図書館と連携し，児童・青少年用図書等の整備に努めるほか，読書活動に関し専門的知識を持つ者や地域のボランティア等多様な人々と連携・協力し，読み聞かせ等の子供の読書活動の機会を提供する取組の実施に努めることが望ましい。

⑷ 児童館

児童館は，子供に健全な遊びを与えて，その健康を増進し，又は情操を豊かにすることを目的とした施設である。児童館の図書室では，児童・青少年用図書等を活用した様々な活動が行われている。とりわけ，読書活動に関し専門的知識を持つ者や地域のボランティア等多様な人々による読み聞かせやお話（ストーリーテリング）等の活動は，図書館における諸活動と同様，子供が読書に親しむ契機となっているため，都道府県及び市町村は，これらの活動が一層推進されるよう促す。

⑸ 放課後子供教室，放課後児童クラブ等

放課後や休日に子供たちが集まる放課後子供教室，放課後児童クラブ等の地域の居場所についても，読書活動に関し専門的知識を持つ者や地域のボランティア等多様な人々の参画を得ながら，子供が読書に親しむ取組を行うことが重要である。

Ⅳ　学校等における取組

１　幼稚園，保育所等

⑴　幼稚園，保育所等の役割

乳幼児期に読書の楽しさを知ることができるよう，幼稚園，保育所等は，幼稚園教育要領や保育所保育指針等に基づき，乳幼児が絵本や物語に親しむ活動を積極的に行うことが期待される。

あわせて，幼稚園，保育所等で行っている未就園児を対象とした子育て支援活動の中でも，読み聞かせ等を推進するとともに，保護者に対し，読み聞かせ等の大切さや意義を広く普及することが求められる。

⑵　幼稚園，保育所等における取組

幼稚園教育要領や保育所保育指針等の理解を促進することや幼稚園，保育所等における図書の整備への支援等を通じて，幼稚園，保育所等において，乳幼児が絵本や物語に親しむ活動の充実を促す。

幼稚園，保育所等においても，乳幼児が絵本や物語に親しむ機会を確保する観点から，安心して図書に触れることができるようなスペースの確保に努めるとともに，保護者，ボランティア等と連携・協力するなどして，図書の整備を図るよう促していく。また，幼稚園，保育所等は図書館の協力を得て，発達の段階に応じた図書を選定することが望ましい。

また，異年齢交流において，小中学生が幼稚園，保育所等の乳幼児に読み聞かせを行うなど，子供が絵本や物語に触れる機会が多様になるよう工夫することも重要である。

２　小学校，中学校，高等学校等

⑴　小学校，中学校，高等学校等の役割

子供が生涯にわたって読書に親しみ，読書を楽しむ習慣を形成していく上で，学校はかけがえのない大きな役割を担っている。学校教育法（昭和22年法律第26号）においては，義務教育として行われる普通教育の目標の一つとして「読書に親しませ，生活に必要な国語を正し

く理解し，使用する基礎的な能力を養うこと」（第21条第５号）が規定されており，平成29年，30年に公示された学習指導要領においても，言語活動等を充実するとともに，学校図書館を計画的に利用しその機能の活用を図り，児童生徒の自主的，自発的な読書活動を充実することとされている。

これらを踏まえ，学校においては，全ての子供が自由に読書を楽しみ，読書の幅を広げていくことができるように適切な支援を行うとともにそのための環境を整備する。その際，子供の読書の量を増やすことのみならず，読書の質をも高めていくことが求められる。

⑵ 小学校，中学校，高等学校等における取組

① 小学校，中学校，高等学校等における読書指導

小学校，中学校，高等学校等の各学校段階において，子供が生涯にわたる読書習慣を身に付け，読書の幅を広げるため，読書の機会の拡充や図書の紹介，読書経験の共有により，様々な図書に触れる機会を確保することが重要である。具体的には，以下の活動が挙げられる。

・全校一斉の読書活動
・推薦図書コーナーの設置
・卒業までに一定量の読書を推奨するなどの目標設定
・子供が相互に図書を紹介し，様々な分野の図書に触れる活動，読書会，ペア読書，お話（ストーリーテリング），ブックトーク，アニマシオン，書評合戦（ビブリオバトル）等の子供同士で行う活動

全校一斉の読書活動については，現在３万校弱の学校において朝の始業時間前に読書の時間を設ける「朝の読書」の活動が行われているが，このような活動は不読率の改善という観点から効果的である。高等学校等においても，自主性を尊重しつつ行われることが望まれる。

子供同士で行う活動については，後述するように，「心に残る一冊の本」と出会う読書のきっかけになるとともに，本の理解を深め

ることにつながる重要なものである。

また，新学習指導要領では，学習の基盤となる言語能力を育成するため，各学校において学校生活全体における言語環境を整えるとともに，国語科を要として，各教科等の特質に応じた言語活動を充実すること，あわせて，言語能力を向上させる重要な活動である読書活動を充実させることが示されている。

具体的には，各教科等において，学校図書館の機能を計画的に利活用し，「主体的・対話的で深い学び（アクティブ・ラーニング）」の視点からの授業改善を図るとともに，児童生徒の主体的，意欲的な学習活動や読書活動を充実することが求められている。

海外の日本人学校においても，児童生徒が豊かな読書活動を体験できるよう，図書の整備や読書活動の実践事例の紹介等児童生徒の自主的な読書活動に資する取組を推進する。

②　障害のある子供の読書活動

障害のある子供は，特別支援学校のみならず通常の学校にも在籍していることを踏まえ，全ての学校において障害のある子供もまた豊かな読書活動を体験できるよう，点字図書や音声図書など，一人一人の教育的ニーズに応じた様々な形態の図書館資料の整備が図られるとともに，学習指導要領等に基づき自発的な読書を促す指導が行われるための取組を推進する。

(3)　学校図書館

①　学校図書館の役割

学校図書館は，学校教育において欠くことのできない基礎的な設備であり，①児童生徒の読書活動や児童生徒の読書指導の場である「読書センター」としての機能，②児童生徒の学習活動を支援したり，授業の内容を豊かにしてその理解を深めたりする「学習センター」としての機能，③児童生徒や教職員の情報ニーズに対応したり，児童生徒の情報の収集・選択・活用能力を育成したりする「情報センター」としての機能を有している。これからの学校図書館には，読書活動における利活用に加え，様々な学習・指導場面での利活用を通じて，子供たちの言語能力，情報活用能力，問題解決能力，批判的吟味力等の育成を支え，主体的・対話的で深い学びの視点からの授業改善を効果的に進める基盤としての役割が期待されている。これらを含め，学校においては，「学校図書館ガイドライン」を参考に，学校図書館の整備充実を図ることが重要である。

さらに，学校図書館は，可能な限り児童生徒や教職員が最大限自由に利活用できるよう，また，一時的に学級になじめない子供の居場所となり得ること等も踏まえ，必要に応じ，地域の様々な人々の参画も得ながら，児童生徒の登校時から下校時までの開館に努めることが重要である。また，登校日等の土曜日や長期休業日等にも学校図書館を開館し，児童生徒に読書や学習の場を提供することも有効である。

加えて，蔵書の貸出しの促進，子供に本を借りることを習慣化させる取組が図られることが重要である。

②　学校図書館の取組

ア　学校図書館資料の整備・充実

児童生徒の豊かな読書経験の機会を充実していくためには，児童生徒の知的活動を増進し，様々な興味・関心に応える魅力的な学校図書館資料（学校図書館法第２条に規定する図書，視覚聴覚教育の資料その他学校教育に必要な資料をいう。以下同じ。）を整備・充実させていくことが必要である。また，各教科，道徳，外国語活動，総合的な学習の時間，特別活動において多様な教育活動を展開していくためにも，学校図書館資料を充実し，児童生徒の健全な教養の育成に資する資料構成と十分な資料規模を備えることが求められている。

このため，文部科学省において，平成29年度から33年度までを期間とする新たな「学校図書館図書整備等５か年計画」が策定され，公立義務教育諸学校の学校図書館資料について，新たな図書等の購入に加え，情報が古くなった図書等の更新を行うこととして，単年度約220億円，５年間で総額約1,100億円の地方交付税措置が講じられている。学校図書館図書標準（平成５年３月29日付け文部省初等中等教育局長決定）の達成が十分でない状況（平成27年度末（平成23年度末）：小学校66.4%（56.8%），中学校55.3%（47.5%）[22]）を踏まえ，都道府県及び市町村においては，学校図書館資料の計画的な整備が図られるよう，引き続き努め，本計画期間中に，全ての学校図書館において学校図書館図書標準の達成を目指す。また，新たな「学校図書館図書整備等５か年計画」においては，学校図書館への新聞配備のため，単年度約30億円，総額約150億円の地方交付税措置が新たに講じられた。学校図書館に新聞を配備している学校は，平成27年度末現在，小学校で約41.1%，中学校で約37.7%，高等学校で91.0%であり[23]，新聞を活用した学習を行うための環境が十分には整備されていないことを踏まえ，学校図書館への新聞配備の充実を促す。なお，私立学校についても，学校図書館資料の整備が促進されるよう支援を図っていく。

また，学校図書館においては，公共図書館や他の学校の学校図書館との連携・協力体制を強化し，相互貸借等を行うことが重要である。

イ　学校図書館施設の整備・充実

学校図書館施設については，読書スペースの整備が進められるよう，新増築を行う際や余裕教室等を学校図書館に改修する際に国庫補助を行っている。

また，国は，学校図書館の施設整備に関する先進的な事例を紹介すること等により，各学校における多様な読書活動を促す施設整備の取組を支援する。

ウ　学校図書館の情報化

学校図書館にコンピューターを整備し，学校図書館図書情報をデータベース化したり，他校の学校図書館や図書館とオンライン化したりすることにより，自校の学校図書館のみならず，地域全体での図書の共同利用や各種資料の検索，多様な興味・関心に応える図書の整備等が可能となる。

平成27年度末現在，学校図書館と情報メディア機器を活用でき

22　平成24・28年度「学校図書館の現状に関する調査」（文部科学省）
23　平成28年度「学校図書館の現状に関する調査」（文部科学省）

る部屋（コンピューター室等）が一体的に整備されている（隣接して整備している場合も含む）割合は，小学校で12.6％，中学校で8.2％，高等学校で4.6％である[24]。また，学校図書館内に，児童生徒が検索・インターネットによる情報収集に活用できる情報メディア機器が整備されている割合は，小学校で10.6％，中学校で12.5％，高等学校で47.6％であり[24]，学校図書館の図書情報をデータベース化している公立学校は，小学校で73.9％，中学校で72.7％，高等学校で91.3％である[24]。

教育用コンピューターをはじめとする学校におけるICT環境整備については，地方交付税措置による整備が進められており，引き続き，効果的かつ効率的な整備を進める。また，学校図書館，コンピューター教室，普通教室，特別教室等を校内LANで接続し，学校内のどこにあっても学校内外の様々な情報資源にアクセスできる環境の整備にも努めるとともに，学校のインターネット接続環境についても，児童生徒の調べ学習等の活動を展開していく上で大きな効果があることから，引き続き整備を促進する。

これらの学校図書館の情報化を推進し，他校の学校図書館や地域の図書館等との連携を通じて，学校図書館資料の共同利用や学校を越えた相互利用の促進・普及を図る。

(4) 人的体制

子供の読書活動の推進に当たっては，読書の楽しさや本のすばらしさ，本を使って調べ学ぶことを教える大人の存在が極めて重要である。本の世界への案内役となる専門的な知識・技能を持った職員がいることで，学校図書館は，より一層その機能を発揮することが可能となる。学校図書館の運営は，校長のリーダーシップの下，計画的・組織的になされるよう努めることが望ましい。これを踏まえ，司書教諭が中心となり，全ての教職員，学校司書，地域のボランティア等が連携・協力して，それぞれの立場から，学校図書館の機能の充実を図り，児童生徒の学習活動・読書活動を推進していく体制を整備することが重要である。

24　平成28年度「学校図書館の現状に関する調査」（文部科学省）

日々の読書指導や各教科等における学校図書館を活用した学習活動の充実を図っていくためには，司書教諭や学校司書のみならず全ての教職員が連携し，学校全体で児童生徒の学習活動・読書活動を推進していく体制を整備することが重要である。各学校における校内研修や研究会等を通じた教職員間の連携を促すとともに，読書指導に関する研究協議や先進的な取組例の紹介等により，教職員の意識の高揚や指導力の向上，学校図書館を活用した指導の充実等に努める。

特に，校長は学校図書館の館長としての役割も担っており，校長のリーダーシップの下，計画的・組織的に学校図書館の運営がなされる必要があるとの認識を深めるため，例えば，教育委員会が校長を学校図書館の館長として明示的に任命することも有効である。

また，教職員を対象とした研修機会の充実等が図られるとともに，教員の養成課程において，各大学の主体的な判断により読書教育に関する取組が推進されることが期待される。

①　司書教諭の配置

司書教諭は，学校図書館資料の選択・収集・提供のほか，学校図書館を活用した教育活動の企画の実施，教育課程の編成に関する他教員への助言等，学校図書館の運営・活用について中心的な役割を担うことから，その配置の促進を図ることが必要である。

学校図書館法第５条及び附則第２項の規定に基づく政令により，平成15年度以降，12学級以上の学校（小学校，中学校，義務教育学校，高等学校，中等教育学校及び特別支援学校）に，司書教諭を必ず配置しなければならないこととされており，各学校での配置が進められているが，引き続き司書教諭の配置を進めるとともに，司書教諭が発令されていない学校における有資格者の発令が促進されるよう，司書教諭の講習を進める。

また，司書教諭が学校図書館に関する業務に従事する時間を確保できるよう，教職員の協力体制の確立や，校務分掌上の配慮等の工夫を促すとともに，司書教諭の役割等について理解を図る。

②　学校司書の配置

学校司書は，専ら学校図書館の職務に従事する職員である。学校図書館活動の充実を図るためには，学校司書を配置して，司書教諭と連携しながら，多様な読書活動を企画・実施したり，学校図書館サービスの改善・充実を図ったりしていくことが有効である。

厳しい財政状況にあるものの，学校司書を配置する公立小中学校は近年一貫して増加しており（平成28年４月（平成24年５月）：公立小学校59.3％（47.9％），公立中学校57.3％（47.6％）[25]），市町村において，児童生徒と本をつなぐ役割を果たす学校司書の必要性が強く認識されていることがうかがえる。こうした状況を踏まえ，公立小中学校に学校司書を配置するための経費として，平成29年度からの「学校図書館図書整備等５か年計画」において，新たに学校司書を位置付け，単年度約220億円，５か年総額約1,100億円の地方交付税措置が講じられている。都道府県及び市町村は，こうした措置の趣旨に鑑み，学校図書館の活性化を図り，児童生徒の読書活動を適切に支援するため，学校司書の更なる配置に努めるとともに，研修の実施等学校司書の資質・能力の向上を図るための取組を行うことが期待される。

また，「学校司書のモデルカリキュラム」については，学校司書が学校図書館で職務を遂行するに当たって，履修していることが望ましいとしたものである。学校司書の採用については，任命権者である都道府県，市町村，学校法人等の権限であり，これらに対して，モデルカリキュラムを周知し，モデルカリキュラムの履修者である学校司書の配置を促進することが適切である。

③　その他

図書委員等の子供が学校図書館の運営に主体的に関わり，学校図書館を利用して読書を広める活動を行うことも重要である。

⑸　連携・協力

子供の読書活動を推進していく上で，学校が家庭・地域と連携して地域ぐるみで子供の読書活動を推進することが重要である。都道府県及び市町村は，幅広い地域住民等の参画による「地域学校協働活動」として実施される学校図書館等の支援や読み聞かせの実施等の活動を

25　平成24・28年度「学校図書館の現状に関する調査」（文部科学省）

推進することを通じて，地域の図書館との連携や子供の読書活動の充実を図ることが有効である。

Ⅴ　子供の読書への関心を高める取組

成長に伴い他の活動への関心が高まり，相対的に読書の関心度合いが低くなっている子供も見られることから，引き続き読書への関心を高める取組を行うことも必要である。

特に高校生の時期の子供の読書への関心を高めるためには，友人等の同世代の者とのつながりを生かし，子供同士で本を紹介したり話合いや批評をしたりする活動が行われることが有効と考えられる。その際，ゲーム感覚で行う手法を取り入れることも有効である。こうした取組を通じ，「心に残る一冊の本」と出会う読書のきっかけになるとともに，本の理解を深めることにつなげていくことが重要である。

本についての話合いや批評をすることは，読む本の幅を広げるきっかけとなったり，他者の異なる考えを知り，それを受容したり改めて自分自身の考えを見つめ直す経験ができたりするといった点でも重要なものである。

例えば既に以下のような取組が各地域で行われてきており，これらを参考に，必要に応じて高校生の時期の子供以外も対象としつつ，取組が行われることが期待される。

・読書会

数人で集まり，本の感想を話し合う活動である。その場で同じ本を読む，事前に読んでくる，一冊の本を順番に読む等，様々な方法がある。この取組により，本の新たな魅力に気付き，より深い読書につなげることができる。

・ペア読書

二人で読書を行うものであり，家族や他の学年，クラス等様々な単位で一冊の本を読み，感想や意見を交わす活動である。この取組により読む力に差がある場合も相手を意識し，本を共有することにつなげることができる。

・お話（ストーリーテリング）

語り手が昔話や創作された物語を全て覚えて自分の言葉で語り聞かせ，聞き手がそれを聞いて想像を膨らませる活動である。直接物語を聞くことで，語り手と聞き手が一体になって楽しむことができる。

・ブックトーク

相手に本への興味が湧くような工夫を凝らしながら，あるテーマに沿って関連付けて，複数の本を紹介すること。テーマから様々なジャンルの本に触れることができる。

・アニマシオン

読書へのアニマシオンとは，子供たちの参加により行われる読書指導のことであり，読書の楽しさを伝え自主的に読む力を引き出すために行われる。ゲームや著者訪問等，様々な形がある。

・書評合戦（ビブリオバトル）

発表者が読んで面白いと思った本を一人５分程度で紹介し，その発表に関する意見交換を２～３分程度行う。全ての発表が終了した後に，どの本が一番読みたくなったかを参加者の多数決で選ぶ活動である。ゲーム感覚で楽しみながら本に関心を持つことができる。

図書委員，「子ども司書」，「読書コンシェルジュ」等の活動

子供が図書館や読書活動について学び，お薦め本を選定して紹介したり，同世代の子供を対象とした読書を広める企画を実施したりする活動である。自ら読書に関する理解を深めるとともに，読書活動の推進役となり，同世代の子供の読書のきっかけを作り出すものである。

・子供同士の意見交換を通じて，一冊の本を「○○賞」として選ぶ取組

参加者が複数の同じ本を読み，評価の基準も含めて議論を行った上で，一冊のお薦め本を決める活動である。複数の本を読み込み，共通の本について自身の考えで話し合うことで，自分と異なる視点を知り，自身の幅を広げることにつながるものである。

また，子供の読書への関心を高めたり，読書の幅を広げたりするきっかけとなるよう，例えば，マンガやアニメ・ゲームといった本以外のものの内容や作者に関連した本から紹介することを含め，個人の読書経験や興味関心に寄り添

いながら本を紹介する方法も有効であると考えられる。

Ⅵ　民間団体の活動に対する支援　（略）

Ⅶ　普及啓発活動　（略）

索引

●配列は五十音順

●さ 行

●た 行

●な　行

●は　行

●ま 行

●や 行

●ら 行

●欧 文

書名索引

●配列は五十音順

●さ 行

●た 行

●な　行

●は　行

人名索引

●配列は五十音順

●た　行

●な　行

●は　行

●ま　行

●や　行

著者紹介

米谷　茂則（よねや・しげのり）

・執筆章→4・5・6・7・8・11・12

1951年	生まれる
1975年	明治大学文学部（夜間部）卒業
2003年	教職のまま東京学芸大学連合大学院博士課程修了
現在	明治大学，聖学院大学，大東文化大学非常勤講師
専攻	児童生徒の読書史および読書学習の研究
主な著書（単 著）	『学校図書館のひずみ』高文堂出版社 『児童主体の創造を表現する読書の学習』高文堂出版社 『小学校児童の絵本読書指導論』高文堂出版社 『小学校上学年児童から中学生の読書の研究』現代図書 『読書科からの希望の学習』悠光堂 『小学校学級担任による国語科授業及び教材研究』悠光堂

岩崎　れい（いわさき・れい）

・執筆章→1・2・3・9・10・13・14・15

東京都に生まれる
東京大学教育学部卒業
東京大学大学院教育学研究科博士課程満期退学（教育学修士）
現在　京都ノートルダム女子大学国際言語文化学部教授
専攻　図書館情報学

主な著書　*Global Action on School Library Education and Training*（共著）De Gruyter SAUR
『学校図書館への研究アプローチ』（共著）勉誠出版
『児童サービス論』（共著）樹村房
『学校教育と図書館：司書教諭科目のねらい・内容とその解説』（共著）第一法規
『子どもの情報行動に関する調査研究』（共著）国立国会図書館
『文化の航跡―創造と伝播―』（共著）思文閣出版
『図書館情報学：50のキーワード』（共著）日本図書館協会
『学校経営と学校図書館，その展望』（共著）青弓社

放送大学教材　1291939-1-2011（ラジオ）

読書と豊かな人間性

発　行　　2020年 6 月20日　第 1 刷
著　者　　米谷茂則・岩崎れい
発行所　　一般財団法人　放送大学教育振興会
〒105-0001　東京都港区虎ノ門1-14-1　郵政福祉琴平ビル
電話　03（3502）2750

市販用は放送大学教材と同じ内容です。定価はカバーに表示してあります。
落丁本・乱丁本はお取り替えいたします。

Printed in Japan　ISBN978-4-595-32226-6　C1300